Impressum

Bibliografische Information der Deutschen Nationalbibliothek: Die Deutsche Nationalbibliothek verzeichnet diese Publikation in der Deutschen Nationalbibliografie; detaillierte bibliografische Daten sind im Internet über dnb.dnb.de abrufbar.

Titel Layout Photos: Marita Blauth

Verlag: BoD · Books on Demand GmbH, In de Tarpen 42, 22848 Norderstedt
Druck: Libri Plureos GmbH, Friedensallee 273, 22763 Hamburg

ISBN: 978-3-7693-1076-4

Marita Blauth

Anpassung Widerstand Anarchie

Denkwürdiges aus einer Frauen*beratungsstelle

Gewidmet den Teams der TuBF in Bonn und allen, die mit Menschen arbeiten.

INHALT:

2

ZUR AUTORIN

Marita Blauth ist 1957 geboren und hat ihre Kindheit in einem kleinen pfälzischen Dorf verbracht. Familie alteingesessen, Arbeiter der Vater, Hausfrau die Mutter. Drei ältere Geschwister.

In der ersten Klasse der Volksschule war ihr Glück eine Banknachbarin und Freundin. Diese übersetzte – sprachlich und inhaltlich – die Anweisungen der Lehrerin nach ihrer konsternierten Frage „WAS sollen wir jetzt machen?"

Als die Kreisstadt Kaiserslautern Unterrichtsstoff war und die Frage der Lehrerin, wer schon einmal in Kaiserslautern war, musste sie sich bei Mitschülerinnen erst mal vergewissern, ob mit Kaiserslautern „die Stadt" gemeint war. „Die Stadt" da war sie schon gewesen, ja, die kannte sie. Aber „Kaiserslautern"? Davon hatte sie noch nie etwas gehört.

Ihr Aufsatz kam zurück mit der Korrektur, dass „brechen" nicht korrekt sei, es hieße „erbrechen". Sie war sich sicher, die Lehrerin habe sich geirrt. Sie wusste, wenn sie kotzen musste,

4

dann hieß das auf hochdeutsch, sie musste brechen. „Erbrechen" ... wie albern!

Ein Freund ihrer älteren Schwester intervenierte bei ihren Eltern, damit sie nach der Volksschule im Dorf die 10. Klasse in „der Stadt" besuchen konnte. Damit waren die Optionen Fabrik, Friseurin, Büro abgehakt und die einzig denkbare vierte Option „was Soziales" konnte Gestalt annehmen. Diesem jungen Mann ist sie ewig dankbar.

Sie fragte ihren Bruder, was eine „Institution" sei. Ist das ein reales Haus? Ja und nein. Ist das eine Gruppe von Menschen? Ja und nein. Was ist das denn dann?

Noch zu Studienbeginn war ihr nicht wirklich klar, was *genau* die Dozentin meinte, wenn sie etwas „inhaltlich" oder „strukturell" betrachtet sehen wollte.

Sie lernte.

Sie las.

Und sie ließ sich inspirieren:

Von drei **Frauengruppen** zwischen 1979 und 1988: Es gibt das Patriarchat und wir sprechen darüber.

Von **Benard, Cheryl/Schlaffer**: Über die ganz gewöhnliche Gewalt in der Ehe. Macht und „Liebe" soziologisch betrachtet.

Von **Ingrid Strobl**: Dass Frausein allein kein Programm ist.

Von **Christina von Braun**: Das Patriarchat ist nicht entstanden, weil Männer beschlossen, Frauen zu beherrschen und es dann einfach tun konnten, sondern weil es eine spezielle Dynamik der Geschichte war – ein Zufall könnte man sagen. (es hätte genauso gut andersherum laufen können)

Von **Audre Lorde**: „Wir können lernen, zu arbeiten und zu reden, wenn wir in Angst sind, genauso wie wir gelernt haben, zu arbeiten und zu reden, wenn wir müde sind."

Von **Annita Kalpaka** und **Nora Räthzel**: Über die Schwierigkeit, nicht rassistisch zu sein.

Von **Birgit Rommelspacher**: Wir Nachgeborenen müssen uns mit der NS-Geschichte auseinandersetzen und eine eigene Haltung dazu entwickeln, anerkennend, dass geliebte Menschen Gutes und Böses gleichzeitig tun können. Über *weiße* Dominanz und Antisemitismus von und unter Frauen.

Von **Christina Thürmer-Rohr**: Das genaue Nachdenken über Gewalt. Die Mittäterschaft von Frauen am Patriarchat. Die von *weißen* Frauen ausgeübte Gewalt. Kritik an der Dichotomie der Figuren weibliches Opfer/männlicher Täter. Den Wert von Pluralität. Den Bezug zur Welt.

Von **Sumaya Farhat-Naser**: Dass ein großes Herz und politische Klarheit keine Widersprüche sind.

Von **medico international**: Dass individuelle Hilfe und politische Arbeit zusammengehören. Dass es nötig ist, die Hilfe gleichzeitig zu kritisieren und zu verteidigen. Den Kontext nie aus dem Blick zu verlieren.

Von **Antje Schrupp** (und Libreria delle donne di Milano): Die Differenz, den Respekt und die Autorität zwischen Frauen als Vermittlerinnen zur Welt.

Von **Christa Wichterich**: Über Menschenrechte als Frauenrechte und die Ökonomisierung des Sozialen.

Von **Hannah Arendt**: Den Unterschied zwischen Herstellen und Handeln, das Verzeihen, die Geburtlichkeit, den Gemeinsinn. Dass Macht und Gewalt nicht dasselbe sind.

Von **Judith Butler**: Dass Sprechen Handeln ist. Die politische Bedeutung von Verletzlichkeit. Dass wir die Erde teilen.

Von **John Holloway**: Dass viele Formen des Entscheidens und Handelns Brüche in der Aufrechterhaltung kapitalistischer Funktionsweisen sein können.

Von **Jan Philipp Reemtsma**: Über einen neugierigen und erhellenden Blick auf vielfältige Formen und Zusammenhänge von Gewalt.

Von **Mascha Madörin**: Sorgeökonomie als Wirtschaftstheorie zu denken. Das Recht, Sorgeleistungen zu erhalten, sowie das Recht, Sorgearbeit leisten zu können, als Grundbedürfnis und Menschenrecht zu begreifen.

Von **Carolin Emcke**: Das genaue und zarte Denken und das Ringen um neue Möglichkeiten, zu verstehen und zu sprechen. „Dass das Erzählen trotz allem nur gelingen (kann), wenn es die Verstörungen nicht objektivieren oder normalisieren will."

...und von **Kolleg*innen** und **Freund*innen**: Die Wertschätzung. Die Freude. Das GENUG.

Als junge Frau, Linke, Autonome, Feministin, war sie Teil einer Bewegung im Aufbruch gegen Kapitalismus, Patriarchat und Mittäter*innenschaft.
Eine Episode in ihrem linken politischen Leben würde sie so beschreiben:

> „Wir haben so viel begriffen. Texte geschrieben, in denen jedes Wort so lange gemeinsam erforscht wurde, bis es für alle in der Gruppe stimmte. Es war beglückend. Die Welt auf unsere Weise politisch zu analysieren, uns zu positionieren und uns und die Welt aktivistisch zu verändern, war für uns dasselbe, wie menschlich zu sein. Unsere Motive waren rein. Wir waren auf der richtigen Seite. Und es erschien uns nicht schwierig, eine klare Grenze zwischen Richtig und Falsch zu ziehen. Je mehr wir verstanden, je mehr Zusammenhänge wir erkannten, desto schwerer waren Ungerechtigkeiten zu ertragen. Die Welt musste verändert werden. Fundamental. Radikal. Jetzt. Es gab kein Richtiges im Falschen. Und wer sich nicht eindeutig positionieren wollte... ließen wir auf der falschen Seite zurück.
> In unserer Klugheit, Klarheit und politischen Genauigkeit haben wir jedes halbherzige, inkonsequente, bürgerliche, angepasste Denken und Handeln sofort entlarvt und verurteilt - nicht nur bei anderen, sondern zuerst einmal bei uns. Wir haben es uns nicht leicht gemacht in unserer großen Sehnsucht nach Gerechtigkeit

in einer zutiefst ungerechten Welt. Das hat uns zuweilen selbstgerecht und erbarmungslos gemacht."

Heute versucht sie, mit ihrem Widerstandsgeist gelassener und großherziger mit sich und anderen zu sein – und erkennt ihr jüngeres Ich in gegenwärtigen polarisierenden gesellschaftlichen Auseinandersetzungen, die auch vor den Türen der TuBF nicht Halt machten.

Damals hatte sie sich und ihren Mitstreiter*innen versprochen, dass die politisch-aktivistische Arbeit immer an erster Stelle stehen und die berufliche Arbeit nur dem Lebensunterhalt dienen würde. Nie-nie-niemals wollten sie als ältere Menschen „von früher" schwärmen, weil es für sie kein „früher", sondern immer nur ein aktives authentisches „heute" geben sollte.

Sie blieb aber nicht die Aktivistin, sondern wurde Fachfrau – und machte den Beruf zu einem wichtigen Zentrum ihres Lebens. Sie arbeitete als Diplom-Sozialpädagogin in einer „Frauenberatungsstelle", machte therapeutische Ausbildungen (Shiatsu und Traumatherapie) und wurde parallel eine Heilpraktikerin mit eigener Praxis.

Und nun erzählt sie heute doch von früher. Oder nicht?

VORWORT

Kurz vor der Rente

Sie sitzt auf dem Balkon. Liest.
Sie legt das Buch weg, nimmt den Laptop.
Sie schreibt.
Ihr Blick erhebt sich. Sie schaut
in die helle blaue Farbe des Himmels,
weiße Wolken wie Bettdecken,
Figuren,
schwebende Sanftheit. Sie lächelt.
Nimmt das Buch. Liest.
Erinnert.
Das Gespräch gestern mit der Freundin.
Über die Potentiale,
die noch nicht ausgeschöpft sind.
Der Himmel ist offen.
Das Leben auch.

Sie greift erneut zum Laptop.
Sie schreibt.
Sie lächelt.

Im August 2023 begann meine Rentenzeit.
Ein lang gehegter Wunsch konnte begonnen werden.
Die TuBF in Bonn als mein langjähriger beruflicher Wirkungsort, als Projekt, das Frauen*[1] zusammen aufgebaut haben, empfand ich als ein kostbares Geschenk und Privileg. Über diesen besonderen Ort will ich schreiben.

---

[1] Ich schreibe Geschlechtsbezeichnungen mit Sternchen*, um offenzulegen, dass es sich um eine (politische) Bezeichnung handelt, die Wandlungen unterliegt, und Menschen jenseits einer binären Geschlechterordnung Teil der Realität sind.

10

Von 1984 bis 2023 habe ich mit vielen Kolleg*innen die TuBF erkundet, erfunden, gestaltet und verantwortet. Dieses Buch ist eines der Würdigung, des Respekts und der großen Anerkennung für die Kolleg*innen der TuBF. Es ist auch ein Buch der Dankbarkeit über die Chance, einer Tätigkeit nachgehen zu können, die selbstbestimmt, vielfältig und erfüllend war – wie es selten Arbeitsplätze sind. Ich war basisdemokratische Kolleg*in und in den letzten Berufsjahren Leiterin. Ich habe viel gelernt in unser aller Bemühen, es gut zu machen. So unperfekt, so zugewandt, so voller Leben.

Es ist kein Buch über die therapeutische Arbeit der TuBF. Gleichwohl entsteht es auch aus meiner Hochachtung für Klient*innen, die in Not und Verzweiflung nicht aufgegeben haben, an sich und der Welt zu arbeiten, die es mir erlaubten, ihr Ringen um Verständnis und ihren Prozess der Veränderung zu begleiten und die mich letztlich in vielen Dingen des Lebens geschult haben - mit ihren Tränen, ihrer Stärke und ihren so verschiedenen Arten, in der Welt zu sein.

Da ich oft schreibend über die Welt nachdenke und sie schreibend verstehen will, sind im Laufe der letzten 20 Jahre schon viele Texte entstanden, die ich als Ausdruck kollegialer Diskurse für die TuBF geschrieben habe. Viele davon sind im BLOG der TuBF-Webseite[2] nachzulesen.

Eingeleitet wird *mein* Buch mit einem Kapitel „Fragmente in Tinte", in der die Bilder dieses Buches in einen Zusammenhang gestellt werden mit einer Würdigung des Fragmentarischen. Einige der Bilder hingen lange (oder hängen noch) in der TuBF, so dass sie irgendwie auch in dieses Buch gehören.

---

[2] https://tubf.de/Beitraege/blog/

Im Kapitel „Autonome Frauenberatungsstellen" werfe ich neugierige Seitenblicke auf einige Aspekte ihrer kraft- und spannungsvollen Anfänge und Entwicklungen. Das nächste Kapitel „Glitzersteine" beschreibt bedeutsame einzelne Stationen und Episoden der vergangenen fast 40 Jahre, die die TuBF als Beratungsstelle begrenzt und geöffnet haben zu einem wundervollen Gesamtkunstwerk. Ein eigenes Kapitel wird der „Geschlechtervielfalt in der TuBF" gewidmet.

In diesen drei Kapiteln geht es um einen persönlichen Blick auf die Arbeit und gleichermaßen um ein Stück Zeitgeschichte. Diese Texte – obwohl ich viel Gemeinsames beschreibe – sind keine Gemeinschaftsarbeit, außer ich zitiere alte TuBF-Texte. Es ist meine Perspektive des Zurückblickens und damit zutiefst subjektiv. Und wenn ich zuweilen in der Wir-Form schreibe, dann bezieht sich dieses *Wir* auf eine der vergangenen Teams der TuBF und nicht auf ein aktuelles TuBF-Team der Gegenwart.

In den letzten beiden Kapiteln verlasse ich die Team-bezogenen Erzählungen und wende mich inhaltlichen Positionen zu. Dabei geht es zum einen in „Gewalt Geschlecht Gesellschaft" um ein Grundthema der Beratungsstelle, der geschlechtsspezifischen Gewalt gegenüber Frauen* und welche Bedeutung ich ihr geben mag – und welche auch nicht. Zum anderen geht es in „Den Bogen spannen" um Streiflichter psychischer Gesundheiten.

Dieses Buch entsteht in einer Zeit, die von Kriegen und Verteilungskämpfen geprägt ist.

Jan Phillip Reemtsma hat in seinem Buch "Mord am Strand" geschrieben:

„Wer Krieg verstehen will, muss die Vorstellung vom Krieg als einem Instrument, das man gleichsam aufnehmen und nach Gebrauch wieder weglegen kann, aufgeben. Der Krieg ist selber ein Gesellschaftszustand, und eine Gesellschaft, die Krieg führt, tritt in einen anderen Zustand ein.“[3]

Es fühlt sich so an, als wären wir auch in Deutschland in einem anderen Zustand, auch wenn keine Bomben unmittelbar fallen, aber wir sind Teil der Krisen und Kriege und an vielen Punkten dafür mitverantwortlich. Militarisierung der Grenzen und die Politik der Aushebelung des Asylrechts wird zum Zeitgeist, der gewalttätige Übergriffe auf geflüchtete Menschen fördert. Es ist die Politik der EU, manchen Menschen die Chance zur Flucht in die EU zu bieten, andere zurückzuzwingen oder im polnisch-belarussischen Grenzwald, in Wüsten, im Mittelmehr, in Abschiebungslagern, an Grenzzäunen ihren Tod kalkuliert in Kauf zu nehmen und helfende Menschen zu kriminalisieren. Das vielzitierte „europäische Wertesystem" ist eine Farce.

Die Welt verändert sich und dystopische Zukunfts-Szenarien scheinen vorstellbarer zu sein als utopische Phantasien. Darum bedienen rechte Ideologien eher die Sehnsucht, dass alles so bleibt, wie es ist – für einen imaginären Teil der Menschen. Alles Nicht-Eigene, Nicht-Eindeutige, Nicht-Egomanische solle darin mit Gewalt ausgegrenzt werden. Dagegen braucht es Menschen, die Gleichwürdigkeit aller Menschen als oberste Maxime setzen.[4]

Dieses Buch ist für mich ein Apfelbäumchen, das gepflanzt wird – in eine offene Zukunft, in der alles möglich ist. Und es ist eine

---

[3] Jan Phillip Reemtsma. Mord am Strand. 2000, S. 353
[4] Leseempfehlung dazu: https://www.medico.de/bewegungsfreiheit

Hommage an Widerständiges und Verbindendes, an Differenz und Lebensfreude.

FRAGMENTE IN TINTE

2018 ermöglichte es mir das TuBF-Team, eine Ausstellung[5] in der Beratungsstelle mit dem Titel „Fragmente in Tinte" zu präsentieren. Dies war meine erste Fotoausstellung.
Es war eine große Ehre für mich und hat – neben großer anfänglicher Aufregung – unendlich viel Freude und mich stolz gemacht.

In diesem Buch sind einige dieser Fotos abgebildet.

Meine Tintenbilder sind wie Wolkenbilder am Himmel.
Statt in die luftigen Höhen richtet sich jedoch der Blick erdwärts, zum Wasser.
Die Gebilde der Wolken sind von Wind und Wetter geprägt, meine Tintenbilder von den Strömungen der Tinte im Wasser, der Temperatur, der Geschwindigkeit und der Bewegung des Wassers
und was wir darin sehen, ist Phantasie.
Ich sehe, was ich sehe.
Und Andere sehen Anderes - und Gleiches.

Die Tintenbilder sind Fragmente.
Fragmente sind nicht perfekt, nicht eindeutig.

---

[5] Mein Vortrag zur Ausstellung, „Abbild, Lüge, Kunstprodukt. Verkörperungsversuche der Fotografie", kann hier nachgelesen werden:
https://arranca.org/ausgaben/brot-und-bilder-die-sache-mit-der-kultur/abbild-lüge-kunstprodukt

Sie widersprechen der Verlockung einer „Ganzheitlichkeit" oder einer einzigen Wahrheit.

Sie sind nicht vorhersehbar und bleiben fragmentarisch auf ihre Art vollkommen.

Sie machen darauf aufmerksam, dass Entwicklung und Wachstum immer auch Verluste, Brüche und Scheitern beinhaltet. Das so Unvollkommene birgt sowohl Befreiung als auch Schmerz. Und zuweilen Schönheit. Leben eben.

Die Fotos wurden ausgewählt, weil sie der Therapie-Kunst nicht unähnlich sind.

Die Tinte, das zum Symbol gewordene Instrument der Gelehrsamkeit, der Schrift, des linearen Denkens, wurde zurückverwandelt in ein Instrument der Bildsprache, der Mehrdeutigkeit, der auf den mündlichen Dialog angewiesenen Verständigung. Falls Kunst das Gegenteil von Wissenschaftlichkeit mit seinen Maßstäben der Wiederholbarkeit und Berechenbarkeit ist, dann sind diese Bilder Kunst, denn kein einziges ist wiederholbar in seinem Prozess der Entstehung. Erkenntnisgewinn und Imagination sind gleichermaßen Reichtümer einer Therapie.

„AUTONOME FRAUENBERATUNGSSTELLEN" - FEMINISTISCHE BERATUNG UND THERAPIE

Anpassung – Widerstand – Chaos – Anarchie

> *„Man kann an einem Zuviel an Anpassung krank werden: Der Körper reagiert auf die Verletzung der Würde und Selbstachtung. Man kann aber ebenfalls an einem Zuviel an Widerstand krank werden oder sterben. Es gibt auch die Figur des gescheiterten Rebellen. Und manche Menschen kommen in Extremsituationen zu dem Schluss, dass die Erhaltung der Würde wichtiger ist, als ihr eigenes Leben."6*

Die Anfänge der verschiedenen sozialen und politischen Bewegungen der 1960er und 70er Jahre[7], die auch die zweite westdeutsche Frauen*bewegung beeinflusst haben, wurden zuweilen mit Begriffen wie Chaos und Anarchie beschrieben. Ich finde das gar nicht so falsch.

Chaos kommt aus dem Griechischen und bedeutet ursprünglich etwa „weiter, leerer Raum". Das gefällt mir, denn ein

---

[6] Luise Reddemann und Klaus Ottomeyer in dem Band von medico international „Fit in die Katastrophe", S. 39
[7] neue autonome Frauenbewegung, Lesbenbewegung, Anti-Psychiatriebewegung, sozialistische Selbsthilfebewegung, Gesundheitsselbsthilfebewegung, §218-Bewegung, Studentenbewegung, ...

17

solcher Raum ist nötig, damit sich das Denken öffnen und sich neue Fülle entwickeln kann. Diese Weite ist nicht einfach herstellbar und auch nicht immer gut zu ertragen, sie kann ermöglicht, erwartet, wahrgenommen werden und ist eine hilfreiche Brücke zwischen dem Jetzt und dem Unvorhersehbaren. Analysieren, Verstehen wollen, Ordnungen erfinden und langfristige Auswirkungen vorausschauend bedenken – das brauchen wir auch zum Zusammenleben. Und: Es könnte auch ganz anders kommen.

Anarchie in seiner Bedeutung von Herrschaftsfreiheit und selbstbestimmten Regeln des Zusammenlebens entspricht den Anfangsprinzipien vieler feministischer Gruppierungen und ist nie spannungsfrei.

Es gibt im Leben Notwendigkeiten von **Widerstand** und Erfordernisse der **Anpassung**. Jedes individuelle und kollektive Handeln ist in diese Dynamik eingebettet. Anpassung und Widerstand sind beides gleichermaßen notwendige (Überlebens-) Leistungen. Frauen*beratungsstellen sind in vielfacher Weise von dieser Dynamik herausgefordert, waren ihre Anfänge doch sehr von der Kraft zum Widerstand geprägt.

„Frauenbewegung" - Die Kraft der Anfänge

Das Chaos, die Euphorie und die Kraft des Anfangens hat viel bewegt. Sie hat Lebensverhältnisse, Leistungen und Wünsche von Frauen* sichtbar gemacht, ihren Platz in der Welt verändert.
1975 fand die erste UN-Weltfrauenkonferenz im ersten „Internationalen Jahr der Frau" statt.

Im selben Jahr wurde in Westdeutschland die „Fristenregelung" vom Bundesverfassungsgericht wieder gekippt. Damit
war die Möglichkeit eines legalen Schwangerschaftsabbruchs
in den ersten 12 Wochen, die ein Jahr zuvor vom Parlament
beschlossen wurde, wieder vom Tisch. In der DDR gab es die
Fristenregelung schon seit 1972. „Mein Bauch gehört mir!"
wurde dann auch zur Parole der Frauen*bewegung der siebzi-
ger Jahre in der Bundesrepublik. Sie mobilisierte und demons-
trierte dafür, den Paragrafen 218 ersatzlos aus dem Strafge-
setzbuch zu streichen.

Doch „die Frauenbewegung" hatte mehr Themen auf der
Agenda:

Frauen* aus Universitäten[8] taten sich zusammen und analy-
sierten weibliche Bildungs- und Arbeitsbedingungen. Auf den
Straßen, in Familien und Betrieben stritten Frauen* für ihre
Rechte auf Selbstbestimmung, für Mitbestimmung und ange-
messene Löhne, und sie stellten herkömmliche Rollenbilder in
Frage.

Aber Frauen* waren keine Einheit. Wie auch? Es gab unterschiedliche Lebensgeschichten, verschiedene Interessen und
widerstreitende politische Ansätze.

Die Bewegung fächerte sich auf – in politische Parteien, in berufliche Aufstiege, in UN- oder Nichtregierungs-Organisatio-
nen, in autonome Frauen*gruppen und in Frauen*projekte.

1977 wurde in Köln der erste *Feministische Frauentherapie-
kongress"* mit über 200 Frauen* ausgerichtet. Es entstanden

---

[8]z. B. fanden von 1975 bis 1983 sieben mal eine "Berliner Somme-
runiversität für Frauen" statt:
https://feministberlin.de/sommeruni/sommeruni-fuer-frauen-1976-
83/

die ersten Frauen*häuser, Frauen*buchläden, Frauen*gesundheitszentren – und Frauen*beratungsstellen.

„Autonome Frauenberatungsstellen" waren eine Schnittstelle zwischen Privatheit und Öffentlichkeit. Hier konnten ratsuchende Frauen* mit ihren individuellen Erfahrungen sichtbar werden, ohne in herkömmliche Rollen verwiesen zu werden. Hier wurden sie in sozialen oder seelischen Krisen nicht für krank oder verrückt erklärt, sondern unterstützt und konnten mit Akzeptanz und Wertschätzung rechnen. Und: Hier wurden egalitäre Formen der Zusammenarbeit erprobt. Es war eine Übung darin, das ICH und das WIR *gleichzeitig* zu denken. Diese Orte waren neue Orte. Es gab in ihnen Versuche und Irrtümer, Erfolge und Misslingen, Kämpfe um Anerkennung und Streit um Ressourcen.

Das, was bei aller Kontroverse als gemeinsames Thema bis heute auf der Tagesordnung blieb, ist die geschlechtsspezifische Gewalt. Dazu später mehr in einem eigenen Kapitel. Zuerst werfen wir einen Blick auf einige Aspekte der Anfänge.

„Das Private ist politisch"

„Das Private ist politisch" war eine der wichtigsten Slogans dieser Zeit.[9] Die Feminist*innen damals haben Lebensrealitäten von Frauen* aus der Privatheit und Verschwiegenheit herausgeholt und sie zur gesellschaftlichen Angelegenheit gemacht. Es ging um Themen wie Sexualität, Körperlichkeit, Ehe, Familie,

---

[9] einen anregenden Text über Arendts Unterscheidung zwischen Privatem und Politischem hat Christina Thürmer-Rohr hier geschrieben: http://www.hannaharendt.net/index.php/han/article/view/111/188

Zweierbeziehungen. Einerseits galten diese Angelegenheiten als privat, als das, was Menschen mit sich selbst ausmachen, worin man sich nicht einmischt. Andererseits unterliegen diese privaten Angelegenheiten aber einer enormen gesellschaftlichen Kontrolle, Gesetzen und Normierungen. Dieses unsichtbare Zusammenwirken zu analysieren, die scheinbaren Normalitäten und die Traditionen zu hinterfragen und damit potenziell veränderbar zu machen, war Verdienst der Bewegung der Frauen*.

Unter diesem Slogan haben sich sehr unterschiedliche Gruppen von Menschen getroffen und miteinander gerungen. Für Frauen*, die aus politischen (sozialistisch/kommunistischen) Zusammenhängen kamen, bedeutete dieser Slogan, in die Politik auch das hineinzunehmen, was zuvor als privat galt. Für sie wurde damit persönliches politisches Handeln möglich, ohne dazu erst die Revolution des Systems abwarten zu müssen. Frauen*, die aus der sozialen oder therapeutischen Arbeit kamen, bot der Slogan die Chance, aus dem oft unbefriedigenden individuellen Krisenmanagement herauszukommen und in das Private und Persönliche ihrer Klientel auch die Politik mit hineinzunehmen. Und es gab die autonomen Frauen*, denen vor allem organisatorische und inhaltliche Unabhängigkeit, Selbstbestimmung und Aktivismus wichtig waren.

Diese Mischung bot Spannungsfelder, die uns heute fast unverständlich erscheinen, die aber als politische Differenzen der Anfangszeiten wichtig waren:

Selbsthilfe und Professionalität

Die heutige Frauen*infrastruktur ist ohne die Selbsthilfebewegung der 1970er Jahre nicht zu denken. Die Erinnerung daran macht auch deutlich, dass die politische Leidenschaft der Gründer*innen der Boden ist, auf dem jede professionelle Frauen*beratungsstelle steht.

Die Selbsthilfe-Idee damals war radikal. Sie ist nicht zu vergleichen mit den modernen Selbsthilfeinitiativen, die sich als Ergänzung (und kostensparender Faktor) ins etablierte Gesundheitssystem integriert haben. Damals begannen Menschen, sich dem oft machtmissbräuchlichen medizinischen Spezialistentum zu widersetzen. Es entwickelte sich eine politisch-emanzipatorische Gesundheitsbewegung. Frauen* verstanden sich darin als selbstbestimmt Handelnde und Expert*innen der eigenen Belange. Sie beanspruchten die Macht über ihren eigenen Körper und die eigene Seele zurück, zum Beispiel durch Selbstuntersuchungs- und Selbsterfahrungsgruppen. Sie wollten sich gegenseitig unterstützen und sich und ihrer Sicht auf die Welt Respekt verschaffen. In Selbstuntersuchungsgruppen betrachteten Frauen* mit Spekulum und Spiegel die eigene Vagina und eigneten sich Kenntnisse über ihren eigenen Körper an.[10] Daraus entwickelten sich Feministische Frauengesundheitszentren, die auch heute noch existieren.[11] Die Selbsterfahrungsgruppen bezogen sich anfänglich auf "Consciousness-Raising-Gruppen"[12], bewusstseinsbildende gruppenanalytische Formate ohne formelle Leitungsstruktur, die eine Verbindung zwischen sozialer, ökonomischer und individueller Veränderung herstellten. Diese Gruppen könnten als Vorläufer

---

[10] https://frauenmediaturm.de/feministinnen/dagmar-schultz/#1973-die-erste-selbstuntersuchung-mit-spekulum-c15fd036-d0a5-45c7-8531-2e26405e2d0c
[11] http://frauengesundheitszentren.de
[12] „New York Radical Women", eine frühe US-amerikanische Frauen*befreiungsgruppe

feministischer Beratung und Therapie betrachtet werden, ebenso wie die Ideen von Co-Counceling. Auch hier trafen sich Frauen* in wechselnden Rollen in Gruppen mit den Regeln: keine Interpretationen, keine Analysen, herzliche Anteilnahme , uneingeschränkte Selbstachtung in Wort, Ton und Haltung. Diese Zusammenkünfte sollten heilsame Prozesse unterstützen.

Die Anti-Psychiatrie-Bewegung dieser Zeit gab weitere wichtige Impulse. 1975 hat eine Sachverständigenkommission im Bundestag den „Bericht über die Lage der Psychiatrie in der BRD" vorgelegt. Darin hieß es *dass eine sehr große Anzahl psychisch Kranker und Behinderter in den stationären Einrichtungen unter elenden, zum Teil als menschenunwürdig zu bezeichnenden Umständen leben müssen.* " Die Kommission schlug unter anderem Patientenselbsthilfegruppen vor. Dazu kam eine Bewegung aus Italien, die psychiatrische Anstalten auflösen und stattdessen ambulante Behandlung anbieten wollte.[13]

Frauen*selbsthilfegruppen definierten sich in radikaler Abgrenzung und Nicht-Zusammenarbeit mit der Psychiatrie. Professionellen Therapeut*innen wurde mit einem gerüttelt Maß an Misstrauen begegnet.

Es gab sie aber, die frauenbewegten Personen, die als Berater*innen, Ärzt*innen oder Therapeut*innen ausgebildet waren. Für sie waren manche Selbsthilfegruppen wiederum eine fragwürdige Angelegenheit, sahen sie doch ihre eigene Profession dadurch in Frage gestellt. Die halbtherapeutischen Settings mancher Selbsthilfegruppen wurden wegen der Gefahr

---

[13] Franco Basaglia und seine Frau und Mitarbeiterin Franca Ongaro Basaglia waren mit Michel Foucault, Thomas Szasz, Jan Foudraine Vertreter*innen einer radikalen Psychiatrie- und Gesellschaftskritik und Gegner der Anstaltspsychiatrie. 1978 wurde in Italien per Gesetz die Abschaffung der psychiatrischen Anstalten verfügt.

persönlicher Verstrickungen, unsichtbarer Machtmechanismen und fehlender Supervision kritisch wahrgenommen. Als ausgebildete Therapeut*innen stellten sie in Frage, ob es ausreiche, bei psychischen Krisen ausschließlich auf eigene Erfahrungen und Reflexionen zurückzugreifen.

In den Beratungsstellen berührten sich die beiden Welten – und es entstand etwas Neues. Selbsthilfeaktivist*innen machten Ausbildungen und Therapeut*innen befassten sich mit dem Selbsthilfepotential. Die psychotherapeutische Landschaft veränderte sich. Die Definitionsmacht über Gesundheit und Krankheit ist jedoch immer noch ein politisch umstrittenes Instrument, wie im Kapitel „Den Bogen spannen" deutlich wird.

Autonomie und Staatsknete

Mit der zunehmenden Professionalisierung entstand ein weiterer Konflikt, der zwischen bezahlter und unbezahlter Arbeit. Die Auseinandersetzungen in den Teams und zwischen Frauen*projekten drehten sich um folgende Überlegungen: Wenn Frauen* unter dem leiden, was eine ganze Gesellschaft mitzuverantworten hat, sollten sie die Kosten der Beratung nicht individuell tragen müssen. Feministische Berater*innen wollten jedoch - auch nicht aus politischer Notwendigkeit heraus - *unbezahlt* arbeiten. Sie wollten nicht in die traditionelle Frauenrolle rutschen, wichtige gesellschaftliche Arbeiten „umsonst und aus Liebe" zu leisten.

Die Alternative, finanzielle Förderung durch Kooperationen mit kommunalen / staatlichen Stellen zu erreichen, war anfänglich sehr umstritten. Warum? Weil sich viele

Frauen*beratungsstellen in ihrer Organisationsform und in ihren Inhalten als Gegenentwurf zur herrschenden Gesundheitspraxis verstanden. Sie wollten sich neben der Beratungsarbeit auch in gesellschaftliche Themen einmischen und sie begriffen ihre Beratungsarbeit auch als politische Arbeit. Viele befürchteten, die Annahme von „Staatsknete" könnte dieses Selbstverständnis, könnte ihre Autonomie gefährden. Was war das für ein Selbstverständnis? Es drückte sich u.a. in spezifischen Formen der Zusammenarbeit aus: Die Arbeitsorganisation war nicht hierarchisch gedacht, sondern selbstverwaltet und basisdemokratisch. Das bedeutete: Alle sollten an allen Entscheidungen beteiligt sein; informelle Strukturen und Spontanität sollte vor bürokratischen Verknöcherungen und Machtkonzentrationen schützen; die verschiedenen Arbeiten (Beratung, Therapie, Verwaltung, Öffentlichkeitsarbeit ...) sollten gleiche Wertschätzung und oft auch gleiche Bezahlung erfahren; rotierende Zuständigkeiten sollten dazu beitragen, dass jede (fast) alles erlernen kann.

Die Rotation der Zuständigkeit wurde recht bald zugunsten einer transparenten Arbeitsteilung aufgegeben, die basisdemokratische Selbstverwaltung aber blieb lange erhalten. Sie barg ein enormes Lernpotential: Jede war herausgefordert, Verantwortungen zu übernehmen, also einzutreten für sich selbst, für die Kolleg*in, für das Team, für den Erhalt und für die Weiterentwicklung der Arbeit – manchmal alles gleichzeitig und manchmal in wechselnden Rollen. Die damit verbundenen Anstrengungen und Erfahrungen konnten darin schulen, Gemeinsamkeiten und Differenzen gleichermaßen wertzuschätzen und sie als Kraftquellen zu erkennen.

Der anfängliche Streit um „Staatsknete *oder* Autonomie"
wurde über die Jahre beigelegt. Die Ausweitung und Professionalisierung der Arbeit brauchte sichere Finanzierungs-kon-
zepte und öffentliche Zuschüsse ermöglichten die notwendige
Kontinuität und Weiterentwicklung.
Entscheidungsfreiheit und inhaltliche Unabhängigkeit mussten
jedoch auch innerhalb staatlich / kommunaler Förderung erhalten bleiben. Dies blieb politische und fachliche Aufgabe.
„Autonome Frauen*beratungsstellen" wollten auch gegenüber den (strategischen) Bündnis- und Kooperations-
partner*innen ihre selbstbestimmte Autorität erhalten.[14]

Die alten basisdemokratischen Ansprüche mit vereins- und be-
rufspolitischen sowie finanziellen Erfordernissen zusammen-
zubringen, war eine Gratwanderung. Viele Frauen*beratungsstellen haben lange Jahre diese Balance mit Kreativität und
Professionalität gehalten und gestaltet. Es war die hohe Kunst,
Widersprüchliches nicht glattzubügeln, sondern die Spannungen auszuhalten und auszutragen. Nicht immer ist dies gut gelungen. Aber an vielen Orten entwickelte sich daraus eine besondere Qualität der Arbeit: Bewahren *und* Erneuern, Nachdenken *und* Tätigsein, etwas können *und* etwas neu lernen, Autonomie *und* Verbundenheit.

Lesben / Heteras

Für lesbische Psycholog*innen war es nicht einfach, ein Ausbil-
dungsinstitut zu finden, das eine offen gelebte Homosexualität

---

14 Der „Dachverband der autonomen Frauenberatungsstellen
NRW" macht dies auch zu einer seiner Aufgaben

akzeptierte. Erst im Mai 1990 wurde Homosexualität aus dem Diagnoseschlüssel der WHO als Krankheit gestrichen.

Ein TuBF-Kolleg*innen-Gespräch in den 1980er Jahren: „Meint ihr, es ist möglich, Feministin *und* Hetera zu sein?" Es gab die (heimliche) Vorstellung, dass Lesben die besseren Feminist*innen seien. Die Frauen*szenen bewegten sich damals zwischen homophobischen Ausschlüssen und lesbisch-separatistischen Gegenbewegungen. Für viele Lesben aus der Lesbenbewegung ging es dabei um mehr als um sexuelle Orientierung, sondern vielmehr um die Zugehörigkeit zu einer antipatriarchalen Bewegung und Lebensart, eine Frage der politischen, nicht (nur) der sexuellen Identität.

Eine lesbische Kollegin beschrieb ihre Anfänge in der TuBF so:

> *„Die TuBF war ein Ort, an dem die heterosexuellen Mitarbeiterinnen den lesbischen Kolleginnen – ganz zu Beginn war es nur eine – vorurteilsfrei begegneten und die Wünsche nach speziellen Lesben-Gruppen oder einer speziellen Lesben-Beratung aufgriffen und unterstützten. Bestimmte Diskussionen zur Heimatlosigkeit von lesbischen Frauen, zum Ausgegrenztsein, zum Minderheitenstatus, zum Exotismus oder zur Diskriminierung von Lesben fanden allerdings nicht statt. Vielleicht waren die Mitarbeiterinnen durch den bevorzugten Rahmen, den die TuBF als Arbeitsplatz darstellt, verführt, sich dieser Diskussion nicht zu stellen."*[15]

Die Abwertungen[16], die Lesben damals in großem Maße erlebten, sind vergleichbar den Vorurteilen und Generalver-

---

[15] ...und vorwärts, rückwärts, seitwärts, los... 20 Jahre TuBF. Therapie und Beratung für Frauen in Bonn, 2002, S. 71

[16] „Anomalie der Natur" „krank, pervers und infantil", sie würden „unschuldige Frauen" verführen, „in öffentlichen Toiletten nach

dächtigungen, wie sie heute transFrauen entgegengebracht werden, leider auch und gerade aus (alt-)feministischen Kreisen. Erstaunlich eigentlich.[17]

Die Abwertungen[18], die Lesben damals in großem Maße erlebten, sind vergleichbar den Vorurteilen und Generalverdächtigungen, wie sie heute transFrauen entgegengebracht werden, leider auch und gerade aus (alt-)feministischen Kreisen. Erstaunlich eigentlich.[19]

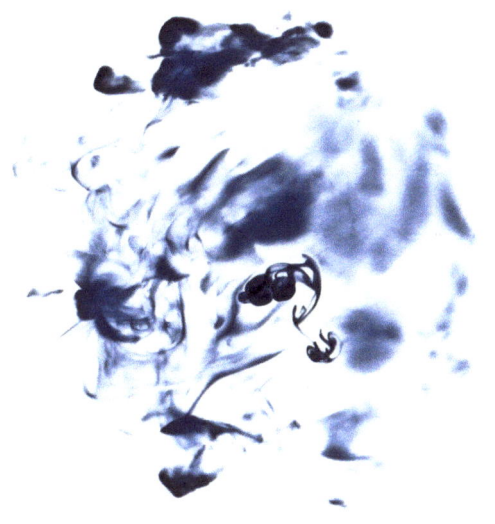

Beute jagen" (aus: I Kuckuc: Der Kampf gegen Unterdrückung. Materialien aus der deutschen Lesbierinnenbewegung, 1980)

[17] Mehr dazu: https://genderblog.hu-berlin.de/mit-schwulen-lesbengruessen/

[18] „Anomalie der Natur" „krank, pervers und infantil", sie würden „unschuldige Frauen" verführen, „in öffentlichen Toiletten nach Beute jagen" (aus: I Kuckuc: Der Kampf gegen Unterdrückung. Materialien aus der deutschen Lesbierinnenbewegung, 1980)

[19] Mehr dazu: https://genderblog.hu-berlin.de/mit-schwulen-lesbengruessen/

Abschied vom großen „WIR"

> *„Es war kein reales, sondern ein strate-*
> *gisches Wir oder ein emotionales Wir.*
> *Dieses war ebenso heilig wie ambiva-*
> *lent und von Anfang an umstritten."*[20]
> Christina Thürmer-Rohr

Für viele Frauen* war es eine fundamentale Erfahrung, sich zum ersten Mal in der Gruppe der Frauen* persönlich gesehen zu fühlen mit der eigenen Geschichte, den Verletzungen und Reichtümern. Lange war es verführerisch zu denken, dass „wir Frauen" nicht selbst in Unrecht und Dominanzverhältnisse verstrickt oder beteiligt waren.

Christina Thürmer-Rohr war diejenige, die seit den 1980er Jahren den Begriff „Mittäterinnenschaft" in die feministischen Auseinandersetzungen einbrachte, um die Beteiligung von Frauen* an den beklagten Gewalt-Verhältnissen zu benennen:

> *„Die Handlungen von Frauen sind demnach nicht nur*
> *aufgezwungene und ihre Handlungsbegrenzungen*
> *nicht nur durch äußere Gewalt verhinderte Handlun-*
> *gen, sondern sind auch selbstgewählt, oft selbstge-*
> *wollt, vor allem aber den patriarchalen Verhältnissen*
> *nützlich. Frauen werden nicht nur verletzt und miss-*
> *braucht und werden nicht nur verstrickt in ein schädi-*
> *gendes System, sondern steigen auch eigentätig ein,*
> *gewinnen Privilegien, ernten fragwürdige*

---

[20] Thürmer-Rohr, Christina (2008). Die Wahrheit über eine zweige-schlechtliche Welt gibt es nicht. In: Maria Buchmayr (Hsg.): Alles Gender? Feministische Standortbestimmungen, Innsbruck, S. 50-64

Anerkennung. Sie profitieren von ihren Rollen, sofern sie sie erfüllen."[21]

Sie war auch diejenige, die zum Thema machte, dass Frauen* im Nationalsozialismus (NS) nicht nur Leidtragende, Widerstandskämpfer*innen oder tapfere Überlebensarbeiter*innen waren, sondern dass für viele von ihnen die NS Frauen*organisationen durchaus attraktiv waren und sie sich beteiligten und profitierten haben vom NS-Regime.

Frauen sowohl als Mittäter*innen als auch Täter*innen zu sehen und anzuerkennen, dass eine kategoriale Grenze zwischen Opfer / Täter*in nicht immer trennscharf zu ziehen ist, war in dieser Zeit neu und wichtig – um nicht zu sagen aus feministischer Sicht skandalös.

Auch Birgit Rommelspacher mit ihrem Buch "Schuldlos schuldig" regte an, die verborgenen Auswirkungen der NS-Ideologie im aktuellen Frauenleben zu reflektieren. *Wir*[22] mussten realisieren, was Verantwortung für das eigene Leben bedeutet: Nicht nur von den Früchten vergangener Kämpfe, vergangener Wohlstandssicherung und Zugängen zu Ressourcen zu profitieren, sondern auch, sich den bis heute spürbaren Folgen vergangener Grausamkeiten, Ausbeutungen und Auslöschung ganzer Menschengruppen nicht zu entziehen.

In den einzelnen Teams der Frauenprojekte wie auch in den gemeinsamen Fortbildungen und Veranstaltungen löste es Kontroversen und Widerstände aus, wenn beispielsweise Schwarze und migrantische Frauen* darauf aufmerksam machten, dass die koloniale Geschichte Spuren hinterlässt, die *wir* in ihren rassistischen und ausgrenzenden Aspekten nur

---

[21] Christina Thürmer-Rohr: Immer wieder anfangen – Entwicklungen und Perspektiven Feministischer Kritik. Vortrag 2002
[22] *Wir*: (*weiße*, christliche, alteingesessene) „Nachgeborene"

bemerken, wenn *wir* uns damit auseinandersetzen. Es war ein Schock und zuweilen unendlich verstörend, wenn die selbstvergewissernde Spiegelung der „Schwester" verweigert wurde und die Macht-Differenz sichtbar und fühlbar wurde.

Feministische Professionalität im gesellschaftlichen Kontext

Das Bewusstsein, dass sowohl die Berater*innen als auch die ratsuchenden Frauen* nicht im luftleeren Raum agieren, sondern in das gesellschaftliche Zusammenleben eingebettet sind, hatte – und hat – nicht nur Einfluss auf die Teams, sondern auch auf die fachliche Arbeit.

Für eine ratsuchende Frau* ist es hilfreich, wenn die Berater*in sich bereits mit Themen auseinandergesetzt hat, die vielleicht schwer anzusprechen, als nicht der Norm entsprechend empfunden werden oder die schambesetzt sind. Frauen*beratungsstellen und Feminist*innen haben den gesellschaftlichen Umgang mit wichtigen Themen verändert. Sie haben zugehört, ernstgenommen und erforscht, was uns heute an Wissen selbstverständlich erscheint: Das Wissen um häusliche Gewalt, um den Missbrauch von Vertrauens- und Abhängigkeitsbeziehungen in Familien, sozialen und kirchlichen Einrichtungen, die sexuelle Ausbeutung darin und das Wissen um ihre Folgen und um Bewältigungsmöglichkeiten. Das Wissen um geschlechtsspezifische Erziehung und seine Wirkung. Das Wissen um die vernichtende Wirkung von dauerhaftem abwertenden und sexistischen Verhalten gegenüber Frauen*. Das Wissen um die Kraft, die in der Aufdeckung und Erzählung von „weiblichen" Biografien liegt. Dies alles sind fachliche Erfahrungsschätze in Frauen*beratungsstellen.

31

Wenn Frauen* z. B. an den Folgen von Gewalt leiden, wenn ihnen grundlegende Rechte in Deutschland verweigert werden, wenn sie Krieg oder Verfolgung, Rassismus, Antisemitismus oder Islamfeindlichkeit erlebt haben, dann spielt sich im Beratungsraum mehr ab als die neutrale Begegnung zweier souveräner Menschen. Da sitzen Angst, Ohnmacht, Schuldgefühle, Verantwortung, Vorurteile und Nicht-Wissen mit am Tisch und erfordern einen fachlich-reflektierten Umgang mit eigener (Dominanz-) Geschichte und (politischer) Sozialisation. Auch in Beratung und Therapie wirkt sich aus, wie über das Gefälle der gesellschaftlichen Macht nachgedacht wurde. Individuelle Biographien oder familiäre Kontexte der Klient*innen ernst zu nehmen ist das eine, einen weiten Blick zu behalten auf ihre Lebenswelten – auch dann, wenn diese zuerst einmal unbekannt sind oder fremd erscheinen, das andere.

Berater*innen unterstützen ratsuchende Personen und begleiten individuelle Lösungswege. Berater*innen reflektieren diese Erfahrungen, machen das eigene Wissen und Forschen öffentlich, benennen Verantwortungen und positionieren sich auf der Seite von Frauen*. Vernetzung, öffentliche Sichtbarkeit und politisches Handeln machen Frauen*beratungsstellen zu gesellschaftlichen Institutionen. Die Bedeutung dessen ist auch für die therapeutische Arbeit nicht zu unterschätzen, weil sie einen Rahmen bietet, der potenziell über die Exklusivität eines geschützten Therapiegespräches hinausweist: Berichte von Frauen über erfahrenes Unrecht sind damit auf eine Weise in der Welt, ohne ihre Intimität und die professionelle Schweigepflicht zu verletzen.
Für Klient*innen kann es entlastend und heilsam sein, mit Leiderfahrungen nicht auf individuelle Biographien oder familiäre Verstrickungen reduziert zu werden. Es geht in den Therapien

vor allem darum, Verbindung zu ermöglichen und zu eröffnen. Verbindungen, die ein Mensch zu sich selbst, zu seiner/ihrer Vergangenheit, zum eigenen Körper eingeht, Verbindungen zu verschiedenen Anteilen des eigenen Selbst, zu anderen Menschen und zur Welt.

Autonomie und Verbundenheit

Menschen sind *soziale* Wesen. Sie sind in ihrem Gefühl, ein Existenzrecht zu haben, von anderen Menschen abhängig. Sie sind darauf angewiesen, wie akzeptierend ihre Umgebung mit Bedürfnissen, Leid und Schmerz umgeht und davon, wie ihre Umgebung Schutz vor Gefahren und Gewalt sicherstellt und Begleitung und Gemeinschaft anbietet.

Gleichwohl sind Menschen *autonome* Wesen, die die Freiheit brauchen, selbstbestimmt und selbstwirksam das Zusammenleben zu regeln. Sie brauchen die Fähigkeit, Widerständiges, Ambivalentes, Eigenes - auch gegen den Mainstream - zu entwickeln.

Menschen nehmen diese sozialen und autonomen Potenzen mit der Geburt in die Welt. Mit jeder Entscheidung, mit jedem neuen Anfang stehen wir in dieser Spannung. Wie kann gutes Leben für Alle gelingen?

Was wir dafür brauchen, ist nicht eine korrekte politische Haltung, die richtige Regierung oder das beste Programm. Was wir dafür in erster Linie brauchen, sind Räume und Zeit, die frei von Effizienz und Wettbewerb sind. Räume zum Nachdenken und miteinander darüber zu sprechen, wie wir leben wollen. Orte, an denen auch sinnliche zwischenmenschliche Kontakte erfahrbar sind, die ein Anderes, Fremdes aushalten und in der Lage sind, in Beziehung zu einem Anderen zu treten, ohne sich

33

das Andere gleich zu machen.

Beratungsstellen haben das Potential, solche Lern- und Freiräume zu sein. Freiräume für Anpassung, Widerstand, Chaos,
Anarchie.

GLITZERSTEINE

Gesammelt aus 39 Jahren in der TuBF Frauenberatung
1984 -2023

Dass ich so viele Jahre in der TuBF arbeiten würde, war nicht geplant. Ursprünglich sollte es ein Jahr sein, eine vom Arbeitsamt geförderte Arbeitsbeschaffungsmaßnahme (ABM). Daraus sind 39 Jahre geworden.

Die TuBF bot mir Möglichkeiten, als Berufsanfängerin unendlich viel von und mit den Kolleg*innen zu lernen. Später kamen Fort- und Weiterbildungen dazu, die es mir ermöglichten, therapeutisch zu arbeiten.

Ich habe so gerne in der TuBF gearbeitet, weil es nie langweilig war. Es gab äußere Impulse, Veränderungs- und Anpassungsprozesse und interne Entwicklungen. Ein gemeinsamer kollegialer Tanz.

Einige „Glitzersteine" aus unserer Zusammenarbeit sollen hier beschrieben werden. Sie sind eher inhaltlich als streng zeitlich konzipiert – und natürlich subjektiv. Sie sind bedeutsame Stationen und Episoden, die sich zuweilen wie Stolpersteine, zuweilen als Meilensteine anfühlten. Und irgendwie sind sie auch Ausdruck meiner Dankbarkeit dafür, dass das Leben mir Kolleg*innen bescherte, mit denen all diese Schritte und Tänze möglich waren.

ANFÄNGE

1982 haben sich etwa 15 – 20 Frauen* aufgemacht, denen es wichtig war, als „Frauen für Frauen" in die Welt hinein zu wirken. Wer sie waren? Streng betrachtet wären sie so zu beschreiben: Junges bis mittleres Alter, eher akademisch, mittelschichtig, heterosexuell, lesbisch, mit und ohne Kinder, *weiß*[23], Muttersprache deutsch. Manche trugen Latzhosen.

Manche trugen Anstecker:

 Das Zeichen der puren Lust, eine andere Welt zu erschaffen.

Eine Welt, in der weibliche Freiheit in Gedanken und Literatur, in Gesprächen und Aktionen, in Verbündungen, Widersprüchen und Auseinandersetzungen Gestalt annahm. Eine Welt, in der endlose, frustrierende und berauschende Plena und neue offene Liebesmodelle ihren Ausdruck und ihre Orte fanden. Eine Welt, in der Geschichte, Gegenwart und Zukunft gleichzeitig geboren wurden und eine neue Zeit anbrach.

Die Idee war, einen dezentralen, selbstorganisierten, ökonomisch und inhaltlich unabhängigen sowie basisdemokratisch organisierten Frauen*ort zu schaffen.

Im Sommer 1982 wurde ein Raum im Bonner Frauenmuseum für 100 DM monatlich gemietet, in eigener Arbeit umgebaut und ein Verein gegründet. Ein Jahr später wurden die Türen der *„Frauenberatungsstelle TuBF - Therapie und Beratung von*

---

[23] *weiß* im Sinne von: der Mehrheits-Dominanzgesellschaft angehörend

und für Frauen" geöffnet. 1984 ermöglichten vier Arbeitsbeschaffungsmaßnahmen vom Arbeitsamt die ersten bezahlten Mitarbeiter*innen und mit der städtischen Förderung 1985 nahm die Professionalisierung weiter Gestalt an. Später wurden vom Land NRW Anteile an den Personalkosten übernommen.

Therapie und Beratung in der TuBF waren eine Antwort auf herkömmliche Psychotherapien, die sich damals geschlechtsneutral verstanden und deshalb geschlechtsspezifische Aspekte nicht berücksichtigten, Geschlechtsrollenbilder unreflektiert reproduzierten und frauen*abwertende bis hin zu grenzverletzende Therapiesettings anboten. Dem stellte die TuBF ein frauen*bezogenes, professionelles und anspruchsvolles Angebot gegenüber. Zu Beginn waren es Personen aus unterschiedlichen Professionen, später ein Team von 6 - 8 Therapeut*innen.

DIE BASIS: SELBSTBESTIMMUNG UND SUPERVISION

Als Kollektiv waren wir in der Lage, uns eigene Regeln zu geben. Wir waren unsere eigenen Chef*innen und somit frei darin zu entscheiden, wie und mit wem wir zusammenarbeiten wollten. Dies war ein unschätzbares Privileg.

Die Notwendigkeit und Selbstverständlichkeit einer supervisorischen Begleitung hatte uns recht zu Beginn eine Supervisorin beschert, die über Jahre an unserer Seite war. Ihr war es zu verdanken, dass wir die kollektive Struktur, die wir uns gegeben hatten, als gute Arbeitsbasis nutzen konnten. Denn um die Herausforderung, Kolleg*in und Arbeitgeber*in gleichzeitig zu sein in Klarheit und Verantwortung meistern zu können, hat es einige Zeit und einige Erkenntnis- und Erfahrungsschritte gedauert. Das Standing unserer Supervisorin, ihre Klarheit und Direktheit hatten wir dafür gebraucht und geschätzt.

KRABBENKORB ÜBERWINDEN

Schon sehr früh beschlossen wir, jeder von uns im Kollektiv die Möglichkeit zu geben, über sich und über ein gemeinsames WIR hinauszuwachsen, sich ein MEHR anzueignen, sich zu unterscheiden, eigene Wege zu gehen. Die Entfaltung jeder einzelnen Person im Team sollte nicht durch ein Gleichheitsgebot und falsche Solidaritätseinforderung behindert werden.
Auf diese Weise konnten wir uns in kreativer und lebendiger Vielfalt entwickeln.

KAMPF UM AUTONOMIE

Die traditionelle Festlegung von Frauen* auf soziale Verbundenheiten und die bis in 1970er Jahre rechtlich verankerte ökonomische Abhängigkeit vom Ehemann oder Vater wurde von der zweiten westdeutschen Frauen*bewegung heftig kritisiert. „Autonomie" war der Gegenentwurf auf den viele Feminist*innen setzten, um ihre Freiheitsgrade und Handlungsmöglichkeiten zu erweitern.
Das menschliche Aufeinander-Angewiesen-Sein wurde in diesem Zuge oft abgewertet und abgelehnt. Gemeinschaft konnte nur als gegenseitiges Empowern unter Gleichen akzeptiert und als politisch relevant anerkannt werden. Die symbolische Überhöhung der Autonomie-Aspekte unter Ablehnung der Abhängigkeits-Aspekte menschlichen Lebens war ein Gegenmodell zu weiblicher Verfügbarkeitsnorm und ein politisch

machtvolles Instrument, hat aber auf Dauer das feministische Leben nicht leicht gemacht.

Mailänder Feminist*innen hatten in den 80er Jahren bereits begonnen, diese Denkweise in Frage zu stellen. Sie entlarvten deren Nähe zu dem patriarchalen Ideal des „Lonesome Rider" und erschlossen sich stattdessen folgende Perspektive:

> *„Bedürftigkeit und Abhängigkeit sind ... nicht menschliche Besonderheiten, die von der ‚normalen' Autonomie abweichen und daher mit Freiheit tendenziell in Konflikt stehen. Sondern sie sind im Gegenteil die Voraussetzungen für Freiheit: Frei sein können wir, weil wir von anderen bereits Fürsorge und Zuwendung bekommen haben."[24]*

Als feministische Therapeut*innen in der TuBF haben wir versucht, menschliche gegenseitige Abhängigkeiten und Care-Verantwortungen als therapeutisch und gesellschaftlich relevante Themen in unsere Arbeit zu integrieren.

DIFFERENZ ZWISCHEN FRAUEN*

In den 1970er/80er Jahren war die Skandalisierung der patriarchalen ungleichen gesellschaftlichen Machtverteilung treibende Kraft der feministischen Aktivist*innen und sie erstritten gesetzliche Veränderungen.

Ein Meilenstein war die Entscheidung, uns nicht in Abgrenzungen und Vergleichen zwischen Frauen* und Männern* zu definieren oder uns daran abzuarbeiten. Vielmehr wollten wir uns (als Frauen*) Interesse und Aufmerksamkeit schenken und der Unterschiedlichkeit zwischen Frauen* mit Neugierde,

---

[24] https://antjeschrupp.com/2012/02/27/freiheit-in-bezogenheit-eine-auseinandersetzung-mit-joachim-gauck-und-co/

Aufrichtigkeit und Humor begegnen lernen. Das setzte eine enorme Entfaltungslust frei – und verbesserte zuweilen die Laune.

KÄMPFE UND KOOPERATIONEN

Das Bestreben, eine finanzielle Förderung durch die Kommune zu erreichen, war nicht sofort erfolgreich. Zuständigkeiten klären, Widerstände überwinden, Bedarfe nachweisen... es war ein langer Prozess. Unsere Streitbarkeit und ungeduldige Beharrlichkeit waren sicherlich hilfreich in den Auseinandersetzungen mit Vertreter*innen der Stadtverwaltung. Als autonome Frauen* standen wir der Amtsmacht kritisch gegenüber und verfolgten unsere Ziele mit der Idee und Haltung, etwas erkämpfen zu müssen, was uns nicht freiwillig gewährt werden würde. Was durchaus eine realistische Sicht der Dinge war.
Über die Jahre hatte das bundesweite gesellschaftliche Engagement vieler Frauen* und ihre Organisierung[25] dazu geführt, dass unsere Arbeit wertgeschätzt und ihre gesellschaftliche Notwendigkeit anerkannt wurde – auch wenn das nicht immer mit ausreichender Finanzierung korrespondierte.
Irgendwann regte eine Kollegin an, unsere Haltung der Stadt gegenüber zu verändern.
Neben dem Aspekt der Forderungen an die Kommune könnten wir die finanzielle Förderung unserer Arbeit auch als eine Form der Kooperation mit ihr begreifen. Ihr Impuls wurde vom Team unterstützt und war eine Würdigung dessen, dass Gespräche auf menschlicher Ebene mittlerweile auf Augenhöhe stattfanden und weniger vom Kampfmodus als von

---

[25] z. B. der Dachverband der autonomen Frauenberatungsstellen NRW, …

40

Kooperationsbereitschaft geprägt waren. Das Machtgefälle war damit nicht glattgebügelt, unsere Abhängigkeit von der finanziellen Unterstützung blieb ja weiterhin bestehen. Unsere kritische Haltung gegenüber staatlicher Politik wie der InWert-Setzung von Dienstleistungs- und Gemeinwesensbereiche [26] begleitete durchaus weiterhin die Kooperation. Aber es hatte sich etwas verändert und Raum für mehr gegenseitige Akzeptanz geschaffen.

TEAM-ETHIK

Unzufriedenheit entstand, als zu den wöchentlichen Plena Kolleg*innen öfter zu spät kamen.

Unsere Supervisorin machte uns auf Folgendes aufmerksam: Keine von uns würde leichtfertig ihre Therapiesitzungen unpünktlich beginnen. Wie wäre es also, die Beziehung unter uns Kolleg*innen genauso verlässlich, achtsam und respektvoll zu gestalten, wie die zu unseren Klient*innen?

Das hat uns überzeugt und fortan konnten wir zusammen pünktlich beginnen.

Unsere therapeutischen Kompetenzen waren hilfreich, um auch im Team eine gute zwischenmenschliche Gesprächs-Kultur miteinander zu entwickeln. In unserer Unterschiedlichkeit was Temperament und Erfahrung betraf, waren die (therapeutischen) Fähigkeiten der Kommunikation wie eine gemeinsame Klammer, die einen sicheren Team-Kontakt ermöglichten, ohne dass wir einander zu Therapeut*innen wurden, sondern streitbare und sichtbare Kolleg*innen blieben.

---

[26] Vergl. https://tubf.de/oekonomisierung-des-sozialen-wie-konnte-das-bloss-passieren/

DIALOGISCHES

In regelmäßigen internen Arbeitskreisen bildeten wir uns gegenseitig fort. Das konnte ein Bericht von einer Fortbildung oder die Vorbereitung eines politisch-fachlichen Themas sein; das konnte ein Referat über ein Buch sein, von dem das Team profitieren würde. Eine Kolleg*in hat uns in einem dieser AK's Hannah Arendt vorgestellt, u.a. das Dialogische, das in ihren Schriften deutlich wird. Es war eine Möglichkeit, noch mal mehr zu reflektieren, welche Bedeutung wir auch als Team dem Dialog geben wollten. In unseren Gesprächen legten wir Wert darauf, dass wir nicht in ein gegenseitiges Postulieren von Statements verfallen. Vielmehr sollte unser kontaktvolles Hören, die Sichtbarkeit jeder Sprechenden und das aufeinander Bezug nehmen dem Gespräch die Möglichkeit geben, dass etwas Neues entstehen kann. Hannah Arendt wollte verstehen. Und das ist auch ein verbindendes Element im Team, die Suche nach Verständigung bei aller Differenz und immer auch bezogen auf ein gemeinsames Drittes: Die fachliche Arbeit, die Politik, die Welt.

Auch unsere therapeutische Arbeit ist dialogisch angelegt. Als Therapeut*innen sind wir ein Gegenüber, das sich nicht deutend der Wahrheit der Klient*in bemächtigt, sondern in jedem Spiegeln und Intervenieren den Raum öffnet für den winzigen Spalt, der etwas Licht hineinbringen kann – um mit Leonhard Cohen zu sprechen:

> There is a crack, a crack in everything
> That's how the light gets in.
> (anthem)

SPANNUNGSFELD KOLLEG*IN UND FREUND*IN

In dem langjährigen Team haben sich neben der Kolleg*innen-schaft auch Freund*innenschaften entwickelt und die TuBF hat einen besonderen Umgang damit entfaltet. Es war eine Kultur der Nähe und Verbundenheit und der klaren Regeln zur Psychohygiene:

- Beziehungskonflikte zwischen Kolleg*innen, die nichts mit der Arbeit zu tun hatten, wurden nicht ins Team getragen. Für diese gelungene Kunst gebührt den betroffenen Personen allerhöchste Anerkennung.
- Wir gaben uns die Regel, in Pausen und an Feierabenden nicht über die Arbeit zu sprechen – außer in Not- oder Ausnahmefällen, und dann war es eben keine Freizeit, sondern Arbeitszeit.

Dass es lange so viele private Kontakte unter den Team-Kolleg*innen gab, war ein großer Resilienz-faktor für die TuBF.

WER - IST DIE TUBF?

Nach den ersten Jahren der frauenbewegten Gruppen-Dynamik und personellen Wirbeln stellte sich das damalige Team irgendwann die Frage, was die TuBF denn für ein Gebilde sei.

Ist sie ein Schiff, eine Fähre, auf die wir aufspringen, eine Weile mitreisen und uns mit-reißen lassen von der Power des Kollektivs - dann wieder abspringen und zu neuen Inspirationen eilen?

oder

Sind *WIR* die TuBF?

Es entstand der Wunsch, nun selbst verbindlich das Steuer zu übernehmen und als Kollektiv die TuBF in die Zukunft zu segeln. Dieser Teamprozess hatte Folgen:

Die individuelle Verantwortung für das Projekt stieg, die Sorge füreinander wuchs, die Struktur wurde klarer: Jede Person sollte nach Möglichkeit das tun, was sie am besten kann. So ist eine transparente und stabile Arbeitsteilung entstanden, die dem Team und den Klient*innen jahrzehntelange personelle Kontinuität geschenkt hat.

ENTSCHEIDUNGSMACHT: KONSENS ODER MEHRHEIT?

Unser frühes Verständnis von Konsens war, solange über eine Entscheidung zu sprechen, bis wir uns einigen konnten. Es machte natürlich einen Unterschied, ob es um die Farbe des Teppichs oder um „wirklich wichtige Dinge" wie Personal, Geld, oder inhaltliche Positionierungen ging. Was nicht bedeutete, dass wir in den ersten Jahren über „Farben des Teppichs" nicht viele Abende gerungen hätten.

Bei dieser Idee von Konsens schwang der Anspruch oder Wunsch mit, eine Entscheidung als Ausdruck eines gemeinsamen Einverständnisses, eines Überzeugt-werdens anzusehen. Bis ...

ja bis eine Kolleg*in irgendwann sagte, das mache sie nicht mehr mit, sie wolle bitte bei ihrem Nein bleiben dürfen, ohne eine Entscheidung zu blockieren. Sie könne es durchaus akzeptieren und respektieren, überstimmt zu werden und könne die Mehrheitsentscheidung mittragen, aber sie wollte sich ihre andere Position nicht nehmen lassen.

Das war ein wichtiger Wendepunkt dahin, die Differenzen und Dissensen unter uns nicht wegzudiskutieren, sondern anzuerkennen – und auszuhalten. Es war ein Abschied von einem falschen, scheinbar großen gemeinsamen Frauen-Wir hin zu der Anerkennung einer Kultur der Differenz – auch in dem Aushandeln von wichtigen Entscheidungen.

Konsens hatten wir dann so modifiziert, dass in Entscheidungsprozessen die unterschiedlichen Haltungen, Einschätzungen, Meinungen wichtig blieben und Raum bekamen. Eine Einigung bedeutete, alle können damit leben, tragen also eine Mehrheitsentscheidung mit. Meiner Erinnerung nach stimmten wir in der Praxis selten tatsächlich ab, aber unsere Haltung zu dem, was als tragfähige Gemeinschaft erlebt werden konnte, hatte sich damit gewandelt.

Das Veto-Recht, ein Prinzip von Konsensentscheidungen, blieb erhalten für den Fall, dass die Differenz zu groß ist, dass eine Mehrheitsentscheidung nicht mehr mitzutragen war. Das hat dann bedeutet, weiter zu diskutieren, bis es zu einer tragfähigen Entscheidung kam, oder – wenn das nicht gelang - an den Grundfesten eines gemeinsamen Bodens zu rütteln, was zu personellen Veränderungen im Team führen konnte.

Als Voraussetzung für ein gelingendes Konsensprinzip erlebten wir, dass der Kontakt untereinander tragfähig ist. Tragfähig war er, weil es bei allen eine große Bereitschaft und Fähigkeit gibt, mit Offenheit, Empathie, Neugierde und Frustrationstoleranz Konflikte auszuhandeln und nach Möglichkeit Lösungen zu finden. Bei aller Suche nach notwendigen Klarheiten gehörte dazu auch, einen konstruktiven Umgang mit Mehrdeutigkeiten und Widersprüchlichkeiten (Ambiguitätstoleranz) zu finden.

WER HAT WAS ZU SAGEN?

Es war Thema in der Supervision und begleitete uns immer wieder: Wie geht Meinungsfindung in einem basisdemokratisch orientierten Team? Ein Team mit unterschiedlichen Menschen, die mehr oder weniger schnell oder mutig waren.

Je nach Bedarf, Wunsch, Notwendigkeit, Fähigkeit, Mut, Lust, Verantwortungsgefühl, Ungeduld, Not, Vision, ... wurden Kolleg*innen aktiv, stellten Fragen oder forderten Lösungen. Dann sollten alle dazu angehört werden.

Wir bemerkten, dass die Verführung groß war, derjenigen, die gerade am forschesten oder am klarsten ihren eigenen Standpunkt äußerte, mehr Gewicht zu verleihen als der bedachten und zögerlicheren Stimme. Wir beschlossen, besonders darauf zu achten und eine gute Balance zu suchen zwischen dem schnellen und bequemen „ ja, so machen wir es" und dem zu langen Abwägen und sich im Kreise drehen. Eine kontinuierliche Herausforderung.

SICHTBARKEIT UND STOLZ

Das 20. Jubiläum war der erste große und feierliche Akt nach außen. Wir wollten sichtbar sein mit Inhalten und mit uns. Wir richteten eine Tagung aus mit Vorträgen und Workshops unter dem Titel: „Frauenschritte, Bewegungen zwischen Minderheit und Mehrheit". Ein kleiner Textband[27] entstand, der die Arbeiten der TuBF beschrieb. Alle waren beteiligt. Ein Projekt, das unsere Professionalität, unsere Vielfalt, unsere politische Verortung und unsere Gemeinsamkeit deutlich machen sollte. Wir waren zusammen sehr, sehr stolz.

---

[27] ... und vorwärts, rückwärts, seitwärts, los ..."

PRAKTIKANT*INNEN

Psychologie-Praktikant*innen höherer Semester waren in der TuBF immer sehr willkommen.

Unsere Erfahrung und Ausrichtung und deren Theorienähe und Neugierde haben oft ein wunderbares Gespann abgegeben. Die Student*innen trugen dazu bei, unsere Arbeit erklärend zu reflektieren und das entsprach unserem Anliegen, Theorie und Praxis als eine gemeinsame Profession zu begreifen. So manche Praktikumszeit war eine gute Vorbereitung für eine spätere Zusammenarbeit als Kolleg*in.

DARÜBERHINAUS DENKEN

Die TuBF war sowohl in ihren politischen Haltungen als auch in der fachlichen Arbeit bemüht, das polarisierende Entweder/Oder-Denken zu überwinden. Teile unserer Jubiläumsrede 2002 sind immer noch unglaublich aktuell.

> *„Es hat sich eine politische Mentalität breitgemacht, die so tut, als gäbe es entweder Gleichgültigkeit oder Bomben. Als gäbe es das Böse dort und das Gute hier. Als würde ein Ja zu Palästina zwangsläufig ein Nein zu Israel bedeuten. Die Auffassung, »wer nicht für uns ist, ist gegen uns« ist Ausdruck von politischem oder religiösem Fundamentalismus. Jede Alternative zu diesen Polarisierungen ist komplizierter, aber überlebensnotwendig."* [28]

---

[28] https://tubf.de/bewegungen-zwischen-minderheit-und-mehrheit/

TECHNISIERUNG

Der Grad der Technisierung war nicht selbstverständlich, sondern unterlag kritischer Prüfung. Es mag sich heute sehr antiquiert anhören, aber sogar vor der Anschaffung eines eigenen Kopiergerätes gab es Streitgespräche im Team über Nutzen und Notwendigkeit. Klingt albern? Schauen wir mal:
Wenn es nötig war, Unterlagen zu kopieren, sind wir um die Ecke in die „Frauenbildungswerkstatt" gegangen. Die Kolleg*innen dort hatten einen Kopierer und es war immer eine Gelegenheit, mal kurz zu plaudern oder einen Kaffee zu trinken. Was heute so banal und überflüssig klingt bedeutete: Wir hatten noch mehr Raum für Zwischenzeiten in der regulären Arbeit; unsere Arbeitszeit war noch nicht so eng getaktet; wir hatten mehr sozialen Kontakt und Gelegenheiten, spontan Dinge zu besprechen, denn mit den Kolleg*innen damals verband uns gemeinsames feministisches Engagement über unsere fachliche Arbeit hinaus. Und: wir teilten die Ressourcen! Das war doch grandios, oder?
1999 war es dann so weit: Die (zwei) Computer kommen! Ein entscheidender Wandel in der TuBF, der e-mails als neues Kommunikationsmittel bescherte und ein Jahr später die TuBF-Website. Spätestens mit Corona hat sich auch in der TuBF ein Grad der Technisierung etabliert, der aus damaliger Sicht unvorstellbar gewesen wäre.[29]

---

[29] z. B. Laptop und Diensthandy für jede einzelne Mitarbeiter*in, um auch aus dem Homeoffice heraus arbeiten zu können.

TRANSKULTURELLE KOMPETENZEN

Irgendwann wurde uns bewusst, dass unser Team bei aller individueller Verschiedenartigkeit in der Zusammensetzung kein Abbild gesellschaftlicher Pluralität war. Mit externen und internen Fortbildungen haben wir uns darauf vorbereitet, unser Team um Personen mit Migrationserfahrung zu erweitern. Dazu gehörte auch eine Auseinandersetzung damit, Teil einer Mehrheits- Dominanzkultur zu sein und uns des Erbes aus Holocaust und Kolonialismus bewusst zu werden. Die lange Vorbereitungszeit hat dann ein sicheres Fundament und Kompetenzen geboten, um uns aus der vertrauten Komfortzone herauszubewegen und neue Kolleg*innen mit libanesischem und türkischem Hintergrund einzustellen.[30]

FÜLLE

Viele von uns kamen aus Elternhäusern, in denen kein materieller Reichtum herrschte.
Darüber hinaus lenkten feministische Auseinandersetzungen den Blick auf weibliche Armut und die Notwendigkeit, vieles erst erkämpfen zu müssen. Die öffentlichen Förderungen der Beratungsstelle waren immer zeitlich begrenzt und mussten regelmäßig neu beantragt und begründet werden. So schob sich zuweilen ein Gefühl der ständigen Knappheit (an Geld, an Ressourcen, an Möglichkeiten) in den Vordergrund.
Nach vielen Jahren
der individuellen und kollektiven Erfahrung des Mangels
entdeckten und beschlossen wir

---

[30] https://tubf.de/transkulturelle-kompetenz/

nunmehr

aus der Fülle zu schöpfen.

An einem unserer regelmäßigen TuBF-Tage, die für Team-Themen und interne Fortbildungen reserviert waren, haben wir das zelebriert und stellten unseren Reichtum symbolisch dar. Meiner Wahrnehmung nach hat das unseren Bezug zur Welt verändert. Wir schöpften aus der Quelle:

GENUG

Als junger Mensch machte ich mir den Liedtitel „Genug ist nie genug" mit Begeisterung zu eigen. Die neue feministische Power eines „Ich will alles, ich will alles, …" sollte aus der eingeübten weiblichen Bescheidenheit und Genügsamkeit herausführen und darauf hinweisen, sich nicht zu früh mit unpassenden oder schädigenden Lebensentwürfen zufrieden zu geben.

Die Gelassenheit mancher alter Menschen angesichts globaler Katastrophen verurteilte oder belächelte ich und ihre Skepsis oder Verweigerung angesichts neuer technischer Möglichkeiten hatte ich nicht verstanden.

Dann kamen die Versprechen neoliberaler Selbst- und Wirtschaftskonzepte, jede*r könne sein Glück selbst schmieden. Diese Selbstkonzepte führten zu einer kollektiven Erschöpfung, denn nun musste jede*r das eigene Glück aus unendlich erscheinenden Möglichkeiten selbst herstellen. Die Nichterfüllung dieser Glücksversprechen wurde als individuelles Versagen gedeutet und die Ausbeutung von Ressourcen und Menschen erschien alternativlos. Demgegenüber entstanden neue, aber im Grunde alte Gedanken und Formen des gemeinsamen

Wirtschaftens.[31] Eine Grundidee war: Was wäre, wenn Bedürfnisse befriedigbar und damit nicht unendlich wären? Was wäre, wenn ich nicht ALLES bräuchte, sondern GENUG?

Im Team der TuBF hatten wir uns diesen Gedanken geöffnet und versucht, der kapitalistischen Dynamik des stetigen Wachstums und der individuellen Selbstoptimierung gegenüber kritisch zu bleiben – und aus der Fülle zu schöpfen.

RESSOURCENORIENTIERUNG

Vor allem durch eine Kolleg*in aus der systemischen Therapie wandte sich das Team in der therapeutischen Arbeit sehr früh dem ressourcenorientierten Ansatz zu.[32]

Bei Nnimmo Bassey, einem nigerianischen Dichter und Umweltschützer, habe ich eine Ergänzung gefunden, die mein Herz berührt:

> *„Oft sprechen wir von natürlichen Ressourcen wie von Dingen, die wir verbrauchen können, ohne jeden Sinn für Verantwortung. Unser Umgang mit der Natur ist vom finanziellen Profit bestimmt. Daher dachte ich mir, dass das Wort Re-source mit einem Bindestrich versehen werden sollte, was so viel bedeutet wie: sich wieder mit der Quelle verbinden."[33]*

Sich mit der Quelle zu verbinden, das ist zuweilen ein wesentlicher Teil der therapeutischen Arbeit. Was diese Quelle ist, wie sie zu spüren ist, dafür Worte zu finden und Zugänge freizulegen, ist sehr individuell. Wesentlich ist, dass diese Quelle da ist.

---

[31] Siehe: https://www.boell.de/de/commons
[32] https://tubf.de/ressourcenorientierter-ansatz-in-der-traumatherapie/
[33] evolve 39, Seite 44

Immer.

FRAGEZEICHEN SIND INFORMATIONEN

In unseren Supervisionen waren wir damit vertraut, in diesem sicheren Rahmen das Team mit klarer Kritik, eindeutigen Fragen oder benennbarer Unzufriedenheit zu konfrontieren, am besten also schon zu wissen, was wir wollen und brauchen. Unsere Supervisorin hat uns ermuntert, auch unklare Empfindungen von Störung, Unwohlsein oder Fragezeichen im Team anzusprechen Das mag banal klingen, war aber eine wichtige Erfahrung und bot neue Chancen, dass wir die Lösung nicht schon ins Team mitzubringen brauchen, sondern zusammen enträtseln können. Wofür wir gleichermaßen Vertrauen benötigten wie schufen.

KEINE PROFESSIONELLE ARBEIT ALS „EHRENAMT"

Zu Beginn wurde die TuBF von Frauen* mit Herzblut, politischem Engagement und ohne öffentliche Finanzierung aufgebaut. Nachdem sich die TuBF mit Fördergeldern zu einer professionellen Einrichtung entwickelt hatte, arbeitete keine Kolleg*in mehr „ehrenamtlich". Wir standen dem Begriff kritisch gegenüber, weil er nicht selten „weibliche" unbezahlte Arbeit umschrieb, die wir ablehnten. Als Maxime blieb erhalten, dass die beraterische und therapeutische Tätigkeit auf keinen Fall unbezahlt geleistet werden sollte. So achteten wir gegenseitig auch darauf, dass jede Form der fachlichen Arbeit als Arbeitszeit gerechnet – und berechnet – wurde.
Gleichzeitig hat sich das „Herzblut" für das Projekt TuBF weiterhin in einer Haltung gezeigt, nicht jede Tätigkeit (das Waschen der Handtücher, das Vorbereiten eines internen

Arbeitskreises, das Besuchen von Veranstaltungen, das Einkaufen, ...) immer allzu eng der bezahlten Arbeit zuzurechnen. Auch das war eine Form von Freiheit.

SELBSTFÜRSORGE IST EIN GEMEINSCHAFTSAUFTRAG

Bei Klient*innen und bei uns Kolleg*innen wurde an vielen Punkten deutlich:
Selbstfürsorge ist nicht zu reduzieren auf einen individuellen Auftrag, sondern ist eine Aufgabe, die nur in Gemeinschaft erfüllt werden kann.

Die Bedingungen und Strukturen in Arbeitszusammenhängen, die eigenen gesundheitlichen Voraussetzungen und die materiellen Lebensverhältnisse spielen eine große Rolle dabei, wie Selbstfürsorge gelingen kann. Selbstfürsorge ist immer auch die Sorge füreinander – und im beruflichen Bereich ein Sorgeauftrag des Arbeitgebers.

In der TuBF war es oft die Kolleg*in, die sorgende Hinweise gab und auf die Grenzen der Leistungs- und Belastungsfähigkeiten hinwies, die Einzelne selbst gerade nicht wahrzunehmen vermochten. Alle trugen füreinander Verantwortung.

Auch in Therapien ist Selbstfürsorge Thema. Die traditionelle Frauenrolle misst der Sorge um andere einen höheren Wert bei als der Selbstsorge. Hier war das Beispiel der Sicherheitsanweisungen in Flugzeugen ein oft hilfreiches Bild: Bei Sauerstoffausfall muss die erwachsene Person zuerst sich selbst die Sauerstoffmaske aufsetzen, bevor sie diese dem Kind aufsetzt.

Es gibt jedoch auch körperliche und seelische Belastungen, bei denen individuelle Selbstfürsorgeaufträge nicht greifen. Wenn das körperlich-seelische System im Ausnahmemodus ist (nach schwerer Gewalt, schweren OP's, ...) braucht der Mensch tragende und haltende menschliche Verbindungen, ehe er wieder gut selbst für sich sorgen kann.

RESONANZEN UND VERWEIGERUNGEN

Immer wieder stießen wir in der Arbeit auf Gefühle von Ohnmacht.

Klient*innen, die von Verantwortlichen im medizinisch-therapeutischen System nicht in ihren individuellen Bedürfnissen und Notwendigkeiten wahrgenommen wurden, sondern aus ökonomischen, frauenverachtenden, strukturellen oder anderen Gründen ausgegrenzt oder misshandelt wurden – kamen in die TuBF.

Wie damit fertig werden, wenn wir als Beratungsstelle dann oft als letzter Rettungsanker imaginiert oder empfohlen wurden – aber im Einzelfall keine Kapazitäten oder Möglichkeiten für längerfristige Unterstützung zur Verfügung stellen konnten? Eine Kolleg*in formulierte das so, es fühle sich an, als müssten wir die Defizite der Gesellschaft ausbaden.

Wir suchten immer wieder nach Wegen, mit der Ohnmacht oder Empörung der Klient*in umzugehen, ohne selbst in Ohnmachtsgefühle zu geraten, ohne uns zu verhärten und gleichgültig zu werden, aber auch ohne uns von omnipotenter Verantwortungsübernahme verlocken zu lassen.

Neben der therapeutischen Haltung, in Resonanz zu gehen und ressourcenorientiert zu bleiben, gab es einen weiteren hilfreichen Gedanken im Team: Die Möglichkeit, eine (innere) politische Haltung einzunehmen: Die Verweigerung.

Frauen* wird oft – persönlich und strukturell – zugeschrieben, Leid lindern und gesellschaftliche Missstände ausbügeln zu können. Die herrschende Familien- und Geschlechtsrollen-

Ideologie mit ihrer unverwüstlich scheinenden Dynamik fordert Frauen* auf, bedürfnisorientiert und liebevoll die zerstörerischen Wirkungen einer ökonomisch-rationalen Berufs- und Außenwelt auszugleichen. Auch wenn die meisten Frauen* parallel mehrere (Berufs-) Tätigkeiten ausüben, hat sich diese Ideologie gehalten: Frauen* mögen es richten.

Da, wo der Wunsch zu helfen unsere realen Möglichkeiten überschritt, verweigerten wir uns. Wir akzeptierten unsere Grenzen. Wir anerkannten, dass es so ist wie es ist, dass wir keine Lösung anbieten konnten und dafür nicht verantwortlich sind, weil es ein gesellschaftlich-strukturelles Problem ist, das politisch, nicht therapeutisch gelöst werden muss.

ERZÄHLEN STATT ZÄHLEN

Unsere Arbeit war nicht auszudrücken in formaler Dokumentation von Statistiken und Zahlen, die uns vergleichbar mit anderen Einrichtungen machen sollten. Sie war nicht auf das möglichst effiziente Erreichen bestimmter Standards zu reduzieren.

Als der damalige Leiter des Sozialamtes von uns „Wirkfaktoren" unserer Arbeit benannt haben wollte, vorzugsweise in statistischer Kurzfassung, entschieden wir gemeinsam, dass wir unsere Arbeit nicht zählen, sondern nur erzählen konnten.

Das wäre durchaus in schriftlicher Form möglich, dachten wir und schufen einen Text, in dem wir zusammenfassten, was unsere Tätigkeit im Grunde ausmacht und was die Besonderheiten unseres feministischen Arbeitskonzeptes waren. Der Text ist auf der TuBF-Webseite nachzulesen.[34]

---

[34] https://tubf.de/was-wirkt-denn-da/

SCHWEIGEPFLICHT

Als Beratungsstelle wurden wir von der Stadt Bonn finanziell unterstützt. Dabei hatten wir zeitweise eine enge Kooperation mit dem Sozialamt und der ARGE, bzw. dem Jobcenter (JC), die Frauen* an die TuBF vermitteln. Daran knüpfte sich immer wieder die Aufforderung an uns, die Inanspruchnahme, den Inhalt oder den Erfolg der Beratung zurückzumelden. Für uns war dies eine Praxis der Entmündigung und Kontrolle der Ratsuchenden, die wir nicht unterstützten. Zum anderen wäre das eine Verletzung unserer berufsrechtlichen Verpflichtungen der Freiwilligkeit und Schweigepflicht gewesen. Da sich die Ratsuchenden in finanzieller Abhängigkeit diesen Stellen gegenüber befanden, war ihre mögliche Einwilligung zu Rückmeldungen für uns meistens nicht ausreichend für eine Entbindung von der Schweigeplicht. In mehreren Gesprächen mit den zuständigen Stellen erreichten wir es schließlich, dass unsere berufsrechtlichen Vorgaben auch von der ARGE und dem JC respektiert wurden: Wir gaben keine Rückmeldungen an diese Ämter und sie sicherten uns die Freiwilligkeit und den Verzicht auf Sanktionsfolgen für unsere Klient*innen zu. Das wurde in der Praxis eingehalten und hat sich bewährt.

WIR SIND DIE TUBF

Das mussten wir uns in den besonders bewegten Zeiten immer wieder vergegenwärtigen:
Wir sind der Maßstab. Nichts ist in Stein gemeißelt. Menschen, Werte, Notwendigkeiten verändern sich. Was bleibt und trägt ist unser Kontakt und unser politisch reflektierter Bezug zur Welt.

ES GEHT *GUT*, ODER ES GEHT *NICHT*

Als wir Mitarbeitenden älter (und erschöpfter) wurden, entwickelten wir ein Zauber-Mantra für viele Situationen: „Entweder es geht gut, oder es geht nicht." Wir fragten uns:

- Wann fange ich nach einer Erkrankung wieder an zu arbeiten? Wenn es geht? Nein. Erst, wenn es gut geht.
- Wie tragfähig ist eine Zusammenarbeit? Wenn sie geht? Nein. Erst und solange sie gut geht.
- Wie lange kann ich diese Aufgabe übernehmen? Solange es geht? Nein. Solange es gut geht.

Oft (nicht immer) wirkte dieser Zauber. Er wurde eine gute Schulung darin, die Realitäten wirklich ernst zu nehmen und nicht schönzureden. So wie wir unsere Klient*innen darin unterstützten, auch die unangenehmen, belastenden und gefährlichen Seiten des Lebens als Realität anzuerkennen und mit zum Maßstab des Handelns und Entscheidens zu machen, so wollten wir auch die TuBF als Institution nicht um jeden Preis erhalten. Auch für den Fortbestand der TuBF sollte dies ein Maßstab bleiben: Es geht gut, oder es geht auch nicht.

Es war ein helfender Satz unter Bedingungen, die privilegiert sind. Es ging nicht um das pure Überleben – auch wenn es sich manchmal so anfühlte. Es war eine Übung darin, Grenzen im Innen und Außen erst einmal anzuerkennen – und dann die Freiheitsgrade und Wünsche realistisch und ernsthaft zu überprüfen.

KONFLIKTE

Dass in Konflikten immer auch Chancen liegen, klingt nach banalem Quatsch.

Trotzdem.

Konflikte zeigen Realitäten an. Sie sind manchmal stumm, manchmal stürmisch, manchmal gewaltig. Selten sind sie leicht.

Um sie zu sehen, braucht es gleichzeitig ein Stück Distanz und ein tiefes Drinnen-sein.

Und vor allem braucht es Mut, denn wenn wir den Konflikt an die Oberfläche holen und betrachten, ist das Ende erst mal offen.

Oft konnten wir Konflikte gut lösen oder nutzen für weitere Teamprozesse. Es gab jedoch auch vertane Chancen. An eine erinnere ich mich besonders: Eine Kolleg*in hatte sich nicht an eine vereinbarte Regel gehalten. Auf der formalen Ebene war der Konflikt schnell geklärt, aber es schwelte eine Weile Misstrauen im Raum.

Wir zogen schnell Grenzen gezogen und stellten formale Klarheit wieder her, das war wichtig. Wir hatten es nicht geschafft, darüber hinaus zu fragen: Was wurde hier deutlich? Welches neue Feld könnte sich durch einen neugierigen Blick auf diese Unzufriedenheit, diese Verwirrung, diesen Regelverstoß eröffnen? Schade.

BEDAUERN

Eine lebensbedrohliche Erkrankung einer Kolleg*in hatte das Team an den Rand der Verzweiflung gebracht. In dieser grenzwertigen und herausfordernden Situation schienen alle in einen Überlebensmodus hineingeraten zu sein, der unsere Fähigkeiten und Kompetenzen im Umgang mit Konflikten erschöpfte.

Bei allem Bemühen um Sorgfalt und Achtsamkeit gelang es uns in dieser Situation nicht, jede:r Kolleg*in gerecht zu werden. Die unterschiedlichen individuellen Erfahrungen und Gefühle, die in dieser Grenzerfahrung handlungsleitend wurden, hatten Spannungen nicht mehr sicher handhabbar gemacht. Eine Kolleg*in hat in der Not das Team verlassen.

Keine starb. Dankbarkeit, Bedauern und Bitterkeit lagen hier jedoch dicht beieinander.

ALTE WEGE VERLASSEN.

Mit absehbaren Rentenperspektiven im langjährigen Team wollten wir über uns hinaus der TuBF eine Zukunftsperspektive ermöglichen. Wir hatten den Plan, diesen Wechsel mit neuen - jungen - Kolleg*innen über Jahre step by step umzusetzen. Aber wie das bei Plänen manchmal so ist ... durch die Erkrankungssituationen begannen „die Wechseljahre" der TuBF viel früher und schneller als ursprünglich geplant. Ich empfand dies damals so: die TuBF wurde hurrikanartig in ein anderes Zeitalter geschleudert.

Die erste neue Kolleg*in wollte die TuBF mitgestalteten, aber noch keine Gesamtverantwortung tragen. Die Selbstverständlichkeit als Kollektiv stand damit auf dem Prüfstand – und wir stellten uns mutig der neuen Herausforderung. Unterstützt von einer zusätzlichen Leitungs-Supervisorin änderten wir die Struktur der TuBF fundamental. Nach kurzer Zeit einer Leitung zu zweit gab es eine Chefin. Etwas, was früher ein Sakrileg gewesen wäre.

TRAUER

Die Veränderung der TuBF Struktur mit der Neuetablierung einer Leitungsverantwortung war durchaus von Trauer begleitet. Es war ein Abschied von „meiner alten" TuBF.

Ein Abschied von einer Gemeinschaft, die jeder Person im Team die Chance bot, kollektive Fähigkeiten zu lernen und zu leben: Die Fähigkeit, sich jederzeit einen der „Leitungshüte" aufzusetzen und tätig zu werden für Teamprozesse, für die Struktur der Arbeit, für die Klärung eines Konfliktes, für das Ansprechen, Moderieren oder Lösen eines Problems, für das Vertreten von Interessen der Beratungsstelle nach innen und nach außen, für den finanziellen Überblick, für die Zukunft der TuBF. Keine musste das allein und gleichzeitig machen, aber die Verantwortung für alles wurde von allen gemeinsam getragen. Das war schon sehr voraussetzungsvoll, denn jede Person stand vor der Herausforderung, zwischen den ICH und dem WIR eine Balance zu finden. Nicht immer waren die individuellen privaten und die Team-Interessen identisch und so ging es darum, eigene Wünsche und Interessen wahr- und ernst zu nehmen und gleichzeitig TuBF-Interessen mitzudenken, zu wahren und zu vertreten.

Sich von diesem individuellen und politischen Entwicklungspotenzial, das die TuBF über Jahrzehnte ausgemacht hatte, zu verabschieden, war ein Verlust für mich.

Die neue Teamstruktur bot indessen immer noch einen hohen Grad an Mitbestimmung, Verantwortung und Arbeitsteilung. Für mich war irgendwann genug der Trauer und es wurde auch innerer Platz frei für meine neue Rolle als Leiterin. Das Team war weniger konstant und auch darin reich und beglückend. Ich war gerne Leiterin und habe Vieles gelernt. Meine Anker waren Klarheit, Akzeptanz, gegenseitige Inspiration, Frustrationstoleranz – und unser aller Bemühen, es gut zu machen. So unperfekt, so zugewandt, so voller Leben.

Der fundamentale Unterschied im Team jedoch war, die Gesamtverantwortung nicht bei sich selbst, sondern bei der Leitung verorten zu können.

„TUBF-GEIST"

Das Gefühl, dass es so etwas wie einen „TuBF-Geist" gab, entstand in der Zeit der großen personellen Flexibilitäten, als langjährige Kolleg*innen sich in Rente begaben und ihren Platz an Junge weitergaben. Es handelte sich um keinen Geist mit Flattergewand oder Kettenrasseln, sondern um das starke Gefühl, dass es im Wandel einen tragfähigen Boden gab, ein irgendwie geartetes Gemeinsames, das die Kraft hatte, Veränderung mitzutragen.

Es ist eine alte Erkenntnis, dass eine Gruppe mehr ist als die Summe ihrer Teile. So war die 40jährige TuBF mehr, als die Summe der Personen, die gerade ein aktuelles Team bildeten. Dieses Mehr könnte „TuBF-Geist" genannt werden. Er entstand aus der Zusammenarbeit, aus den „Glitzersteinchen" der unterschiedlichen Teams.

Dieser Geist ließe sich beschreiben als eine Haltung der Offenheit füreinander und für die Welt. Ein Gefühl der Wärme und des Respekts untereinander. Eine Ersthaftigkeit im gemeinsamen Lernen und einem Bemühen um Glück und Menschlichkeit. Einer Bereitschaft, sich gegenseitig Autorität zu verleihen und Differenz als Stärke zu begreifen.

NEUE FRÜCHTE TRAGEN

Mit den jüngeren Kolleg*innen hörten die „Wechseljahre" allerdings nicht auf. Mitarbeiter*innen wurden schwanger, Elternzeitvertretungen wurden schwanger, andere konnten aus privaten Gründen nicht in der TuBF bleiben.

Die damit verbundenen Abschiede, Bewerbungs-Sichtungen, Vorstellungsgespräche und Entscheidungsprozesse, Neu-Berechnungen, Neu-Beginne, Neu-Einarbeitungen, Neu-Verteilungen von Klient*innen wurden zunehmend zur enormen Herausforderung und kosteten viel Kraft.

Gleichzeitig leistete jede der neu eingestellten Frauen*, egal wie lange sie in der TuBF war, wertvolle Beiträge zur Entwicklung der TuBF, alle hinterliesen unvergessene Spuren und auf keine von ihnen hätte die TuBF verzichten mögen.

Das Team musste die Herausforderung bewältigen, eine tragfähige Balance herzustellen zwischen Flexibilität und Kontinuität, zwischen Berufserfahrung und dem erfrischenden Potential der professionell Anfangenden, zwischen unterschiedlichen Altersstrukturen und unterschiedlich langen Teamzugehörigkeiten.

Und wir kamen zu dem Schluss, dass die TuBF wohl ein fruchtbarer Ort sein muss.

GESCHLECHTERVIELFALT

Das große weibliche WIR, das zu Beginn der zweiten westdeutschen Frauen*bewegung und auch in den Gründungsjahren der TuBF eine kämpferische Kraft entwickelte, differenzierte sich weiter aus. Birgit Rommelspacher und Christina Thürmer Rohr beispielsweise regten mit ihren Texten dazu an, über uns als Teil einer Mehrheits-Dominanzkultur nachzudenken.

In den letzten Jahren wurde ein weiteres gesellschaftliches Spannungsfeld sichtbar, das sich über binäre Geschlechtszuschreibungen und vielfältige Geschlechtsidentitäten hinweg bewegte und als Frauen*beratungsstelle bewegten wir uns mit. Im nächsten Kapitel kann dazu mehr gelesen werden.

FRAGEND GEHEN WIR VORAN - GESCHLECHTER-VIELFALT IN DER TUBF

Diese angebliche Einheit „Frau" ist ein Ergebnis von Kategorisierungsverfahren, die selbst Ausdruck von Gewalt sind, einer gewaltsamen Einteilung der Vielheit der Menschen in zwei Geschlechter. Mit einer Kritik, die sich gegen alle Kategorisierungen von Menschen richtet, die deren Pluralität zerstören [35] , bleibt von der Zweigeschlechtlichkeit und vom sogenannten Weiblichen nicht viel mehr übrig als das einfältige Ergebnis eines einfältigen Herrschaftsaktes. In dieser Sicht sind „die Frau" und „das Weibliche" ein totalitärer Reflex auf eine totalitäre Geschlechterpolitik.[36]

Christina Thürmer-Rohr 2003

---

[35] Siehe dazu zur Orientierung: Hannah Arendt: Was ist Politik? München 1993. Hannah Arendt: Vita Activa. München 1992, S. 164 ff.

[36] Christina Thürmer Rohr: „Veränderungen der feministischen Gewaltdebatte in den letzten 30 Jahren" in: Antje Hilbig/Claudia Kajatin/Ingrid Miethe, Frauen und Gewalt. Interdisziplinäre Untersuchungen zu geschlechtsgebundener Gewalt in Theorie und Praxis, Würzburg 2003.

Dieses Thema bekommt ein eigenes Kapitel. Warum? Es ist ein zwiespältiges Thema, das gleichermaßen zentral wie nebensächlich ist. Zentral ist es, weil es an fundamental gedachten Gewissheiten rüttelt, insbesondere für eine Beratungsstelle, die sich explizit an eine Kategorie richtet, nämlich an Frauen*. Nebensächlich ist es, weil Geschlecht nur *einen* Aspekt der Vielfalt zum Thema macht, neben anderen Differenzerfahrungen und Kategorisierungen, die ein Zusammenleben beeinflussen. Hadija Haruna-Oelker hat das in ihrem Buch „Die Schönheit der Differenz" anschaulich beschrieben. Weil die Erweiterung der polaren Geschlechterordnung für eine „Frauenberatungsstelle" ungewöhnlich klingt, gibt es dieses Kapitel.

Alte Wege

Keine wäre bei der Gründung der TuBF **1982** auf die Idee gekommen, das Wort Frauen* mit einem Sternchen zu versehen. Zu selbstverständlich war es, von einer weiblichen Erfahrungs-Gemeinsamkeit auszugehen und zu wichtig war damals das politische **WIR** der Feminist*innen als gegenpatriarchales Selbstverständnis. Es wurde als spürbare Kraft und gegenseitige Bestätigung erlebt.

Die TuBF definierte ihre Arbeit als eine der „reflektierten Parteilichkeit"[37] auf Seiten der Frauen*. Menschen, die sich innerhalb dieser Geschlechterordnung nicht in ein weibliches Spektrum einordneten, waren damit selbstverständlich von unserem Angebot ausgeschlossen.

Dabei war die Polarisierung der Geschlechtsidentitäten relativ jung, wie Christina von Braun in ihrem Buch „Blutsbande" schreibt;

---

[37] Mehr dazu: https://tubf.de/was-wirkt-denn-da/

„Die gesetzliche Festlegung auf ein Geschlecht hatte sich erst im Verlauf des 19. Jahrhunderts durchgesetzt. Waren es zunächst die Eltern, die für ihr Kind entscheiden durften, welchem Geschlecht es angehören solle, so nahmen zunehmend Ärzte dieses Bestimmungsrecht in Anspruch."[38]

In der TuBF wurden wir mit dem Thema Trans* bereits in den 1980er Jahren konfrontiert, als eine Kolleg*in eine Person therapeutisch begleitet hat, die sich für einen geschlechtsangleichenden Prozess entschieden hatte, um als Mann zu leben. Ab einem bestimmten Punkt wurde ihm klar, dass wir als „Frauenberatungsstelle" nicht mehr der richtige Ort sind, und zum Glück konnte die Therapie ambulant fortgesetzt werden.

Zu unserem 20. Jubiläum im Jahr **2002** schrieben wir zur Debatte, die das Geschlecht als soziale Kategorie postuliert, folgendes:

„ Vielleicht ist jedoch durch die neue Debatte die kritische Sensibilität gegenüber "alten" feministische Positionen, die sehr dem Begriff der Identität (der lesbischen, der feministischen, ...) verhaftet waren, gewachsen? Vielleicht konnte mehr Flexibilität und innere Akzeptanz gegenüber Queers unterschiedlicher Couleur entstehen, also nicht nur Lesben oder Heteras, sondern auch bisexuell, oder nichtdefiniert, oder a-sexuell, oder wechselnd, oder übergreifend, oder ...? Was allerdings an diesen "alten" Feminismen von immens wichtiger Bedeutung bleibt, ist der politische Blick auf die Frage der Macht: Solange gesellschaftliche und

---

[38] Christina von Braun: Blutsbande. Verwandtschaft als Kulturgeschichte. Seite 421

wirtschaftliche Strukturen und Mechanismen Frauen aufgrund ihres Geschlechts benachteiligen, solange männliche Dominanz, Gewalt an Frauen und Queers und Ausbeutung von Frauenkörper und -Ressourcen nicht aufgebrochen wird, solange sind geschlechtsneutralisierende Konzepte für die politische und psychologische Praxis ungeeignet."[39]

In unseren internen AK's hatten wir uns mit der gewaltvollen Normierung von intergeschlechtlich geborenen Menschen beschäftigt, noch ohne unser Selbstverständnis als „Frauenberatungsstelle" zu hinterfragen.

2016 steigen wir dann noch mehr in die Materie ein. Unter dem Titel „Geschlechterdifferenz in einer FRAUEN-Beratungsstelle" formulierten wir das u.a. so:

„Einerseits hinterfragen wir Geschlechterkategorien und -identitäten, andererseits nehmen wir die unterschiedlichen Erfahrungswelten in einer geschlechtspolar organisierten Gesellschaft ernst und spezialisieren uns auf weibliche Lebenswelten und ihre gesellschaftspolitischen Kontexte ...

Als Frauenberatungsstelle sind wir offen für Menschen, die Frauen sind – und mehr als das. Menschen, die sich nicht definieren wollen und sich von einer Frauenberatung angesprochen fühlen. Menschen, die als

---

[39] https://tubf.de/wp-content/uploads/2022/05/feministische-beratung-und-therapie-im-wandel-der-zeiten.pdf
Aus heutiger Sicht fällt auf, dass der Gender-Diskurs schon damals nicht mit *„geschlechtsneutralisierende Konzepte"* beschrieben und fehlgedeutet werden konnte, wie es in diesem Text geschieht.

Mädchen/Frauen sozialisiert wurden. Transidente Menschen, die sich in der großen Bandbreite von Geschlechterzuschreibungen und -erfahrungen selbst eher als Frau definieren, bzw. damit vertraut oder sichtbar sind ...[40]

2017 luden wir zu unserem 35. Jubiläum Kolleg*innen und interessierte Menschen zu einer Tagung „Geschlechtertanz. Trans*idente Menschen in der Psychotherapie" ein.
In unserer Einführungsrede stellten wir das Thema in einen erweiterten Kontext:

Wir sind offen *„für Menschen, die Frauen sind – und mehr als das.*

Mehr als von weiblichen Normen geprägt, sondern auch von Regierungs- und Rechtssystemen, Religionen, regionalen Besonderheiten, Bildungsunterschieden, biografischen Erfahrungen, individuellen Fähigkeiten und Einschränkungen, Privilegien, Sprachen und Menschenbildern. So viele Möglichkeiten, Menschen zu beschreiben oder wahrzunehmen. So viele Möglichkeiten, um Verbindungen oder Ausgrenzungen herzustellen.

Menschen in ihrer Erfahrung, ihrem Erleben oder ihrem Selbstausdruck als Frau oder Trans*gender zum Thema zu machen ist also gesellschaftlich genauso wichtig wie nebensächlich ... "

Geschlechtervielfalt *„kann jedoch eng und weit gedacht werden.*

Eng bleibt es in der Suche nach dem politisch korrekten, dem bewussten, fehlerlosen Verhalten und Sprechen.

---

[40] Mehr dazu: https://tubf.de/geschlechterdifferenz-in-einer-frauen-beratungsstelle/

Weit kann es werden in der Übung darin, vielfältige und widersprüchliche, ver-rückte, ungleiche und sich verändernde Erscheinungsformen und Lebensentwürfe von Menschen wahrzunehmen - und sie als ein Mehr anzuerkennen.

Ein Mehr, das etwas möglich macht und nicht etwas nimmt. Ein Mehr, das dazu auffordert, persönliche Positionen zu finden, sich zu zeigen mit dem jeweils Eigenen. Es geht um Versuche, Prozessen der Auseinandersetzung einen ebensolchen Wert beizumessen wie einem guten oder richtigen Ergebnis. Fragend gehen wir voran.”[41]

Sprachliche Vereinbarungen

In unserer „feministischen Sozialisation" war es zentral, dass wir der Sichtbarkeit und Wertschätzung von Frauen* Ausdruck verliehen, indem wir in Frauen*räumen konsequent die weibliche Form benutzten. Für geschlechtergemischte Bezeichnungen setzten wir in unseren Texten das Binnen-I (z. B. KollegInnen) ein. Es sollte deutlich machen, dass wir in diesen Fällen Frauen und Männer gleichermaßen ansprachen. Dann benutzen wir den Unterstrich (z. B. Kolleg_innen). Er sollte deutlich machen, dass es neben dem Maskulinum und dem Femininum noch andere Realitäten gibt. Der Unterstrich wich dann dem Doppelpunkt oder dem Gendersternchen[42]. Das Sternchen sollte noch mal mehr ausdrücken, dass „Frau" nicht immer eine

---

[41] Mehr dazu: https://tubf.de/die-tubf-im-universum-der-geschlechter/
[42] Gendersternchen (Asterisk) für gendersensibles Schreiben im Deutschen

eindeutige Definition ist und neben männlichen und weiblichen auch nichtbinäre und diversgeschlechtliche Personen symbolisch sichtbar machen.

Diese sprachlichen/schriftlichen Vereinbarungen blieben ein fließender Prozess, der jenseits von RICHTIG oder FALSCH Denk- und Aushandlungsprozesse aufzeigt.

Neue Schritte

Bisher waren in der TuBF Frauen* unterschiedlicher sexueller Orientierungen und diverser Beziehungsformen schon immer willkommen. Nun wollten wir weitere Öffnungsschritte gehen: Im Team und auch in der Zielgruppe offen zu sein für Menschen, deren Lebensrealität in einer binären zweigeschlechtlich gedachten Geschlechterordnung nicht abgebildet wurde.[43]

Auch wenn wir eine Gesellschaft anstrebten, in der Unterschiede in der Geschlechtervielfalt keiner besonderen Aufmerksamkeit mehr bedurften – solange diese Unterschiede aber Menschen unsichtbar machten, solange strukturelle und persönliche Diskriminierungen sowie Gefährdungen mit diesen Unterschieden verbunden waren, solange lag es in unserer Verantwortung, dafür Sprache und Orte der Kommunikation miteinander zu (er-) finden.

Trotz der hohen polarisierenden Wellen, die der gesellschaftliche Diskurs dazu schlug, war ich überzeugt, dass wir in diesem TuBF-Experiment wieder unsere eigenen Wege zwischen den Wogen finden würden. Wir bedachten es sorgfältig und

---

[43] Eine schöne Webseite zu dem ganzen Komplex: https://genderdings.de

nahmen eine Fortbildung sowie fachlich/thematische Begleitung in Anspruch.

Ich hatte es trotzdem unterschätzt.

Es war nicht einfach, eine Haltung und eine Sprachregelung für
eine Genderöffnung zu finden.
Wir hätten es uns einfach machen können und alle cis-männli-
chen Personen ausschließen. Cis (aus dem lateinischen: cis =
diesseits, trans = jenseits) bezeichnete Personen, deren Geschlechtsidentität übereinstimmt mit dem bei ihrer Geburt zu-
gewiesenen Geschlecht. Unseren neuen Schritt wollten wir
aber lieber einschließend formulieren.
Uns gefiel schließlich die Definitionsidee FINTA*: Dies war eine
(politische) Bezeichnung für alle Frauen, intergeschlechtlichen,
nicht-binären, transidenten und a-gender Menschen, wobei
das Sternchen Platz für weitere Selbstdefinitionen lässt von jenen, die sich nicht in einer binär erklärten Welt wiederfanden.
Um deutlich zu machen, dass wir auch weiterhin für Frauen*,
die mit Genderfragen nicht vertraut sind, da sein wollten, und
darüber hinaus Menschen mit vielfältiger Geschlechtsidentität
ansprechen wollten, änderten wir unseren Namen und Unter-
titel in:
*TuBF Frauen*beratung. Therapie und Beratung für Frauen und
INTA+.*

Scheitern

Der Versuch, mit diesem Thema intern und nach außen eine
Haltung und Sprache zu finden, um diese Ergänzung zu erklären, scheiterte als gemeinsamer Prozess und führte zu Aufspal-
tungen und Trennungen im Team.

Dieses Nicht-Gelingen forderte jede von uns in besonderem Maße. Dennoch dachte ich, dass auch eine solche Erfahrung zum Leben gehört, auch wenn uns neoliberale Denkweisen vermitteln wollen, dass wir uns zu permanenten Win-Win-Situationen optimieren könnten, in der kein Scheitern vorgesehen ist.

Um diesen – für mich dennoch ungewöhnlichen – Teamprozess im Nachhinein zu verstehen, habe ich nach äußeren Umständen gesucht und fand vier strukturelle Faktoren, die dazu beitrugen, dass uns dieser Prozess der Öffnung nicht gemeinsam gelungen ist:

1. Das Team war neu zusammengesetzt.
2. Wir hatten unsere Team-Supervisorin verloren.
3. Team-Kontakte fanden virtuell statt.
4. Der gesellschaftlich-feministische Diskurs polarisierte uns.

Ich möchte auf alle Punkte eingehen, weil die Wirkung äußerer Faktoren auf ein internes Geschehen nicht zu unterschätzen ist.

Das Team war neu zusammengesetzt.

Die TuBF war bis 2015 ein konstantes Team, in dem sich über die langen Jahre der Zusammenarbeit ein gutes Miteinander entwickeln konnte. Es waren Jahre des gemeinsamen Denkens und Weiterentwickelns, des von Verbindung und Verbindlichkeit geprägten Interesses aneinander, in denen sich ein gerüttelt Maß an Konfliktlösungserfahrung und gegenseitigem Vertrauen entfalten konnte.

Seit 2015 fand durch Elternzeiten junger Kolleg*innen viel personeller Wechsel statt.

Zum Zeitpunkt des Öffnungsprozesses 2022 gab es dann im neuen achtköpfigen Team nur noch zwei alteingesessene Mitarbeitende. Alle anderen waren noch nicht lange dabei, ein:e hatte sogar gerade erst angefangen. Das heißt, wir kannten uns als Team in dieser Zusammensetzung noch gar nicht. Wir konnten uns noch gar nicht recht einschätzen, Vertrauen entwickeln im Wissen, wie die anderen Personen so ticken. Das hat es erschwert, dass jede:r sich zeigt mit Fragen, Ängsten, Überforderungsgefühlen oder Ärger. Keine guten Voraussetzungen, um sich einem Thema, das individuell und gesellschaftlich brisant zu sein schien, sicher zuzuwenden.

Wir hatten unsere Team-Supervisorin verloren.
Unsere Team-Supervisorin, die wir zu diesem Zeitpunkt besonders gebraucht hätten, ist verstarb unerwartet und wir fanden keinen angemessenen Ersatz.

Uns fehlte unsere Supervisorin, die in ihrer Arbeit mit uns jede im Blick behielt, die Gruppendynamiken benennen und mit uns bearbeiten konnte. Die in der Lage war, das Team immer auch als Teil gesellschaftlicher Realitäten zu sehen und diesen politisch-feministischen Blick in ihre Professionalität zu integrieren. Die es jede:m von uns ermöglicht hatte sich zu zeigen, weil sie in Unzufriedenheiten, Ambivalenzen, Ambiguitäten und Differenzen immer kostbare Schätze gefunden hatte. Die in der Lage war, darin jede:n Einzelnen und auch das Team zu halten. Die uns immer wieder in Kontakt zueinander bringen konnte, ohne Differenzen glattzubügeln.

Unsere Supervisorin hat uns in unserer speziellen Situation wirklich gefehlt.

Team-Kontakte fanden virtuell statt.

Nicht nur, dass das Team neu war, wir keine Supervisorin hatten, sondern vier von acht Kolleg*innen hatten sich nur über Video kennengelernt – und wir begegneten uns in den Teamsitzungen fast ausschließlich am Bildschirm[44].

Die alltäglichen Begegnungen in den Räumen der TuBF reduzierte sich auf jeweils wenige Kolleg*innen in getrennten Räumen. Die notwendigen Zwischenzeiten fehlten: das gemeinsame plaudernd in der Küche sitzen, die Gespräche zwischen Tür und Angel, gemeinsame Mittagszeiten, der Austausch über Gott und die Welt, das kurze (oft entlastende) Gespräch über Therapiethemen oder Belanglosigkeiten, …

Obwohl uns die direkten präsenten Kontakte fehlten, entwickelten wir gemeinsam aus der Not des Lock-Downs heraus eine Tugend, die uns zunächst erstaunte und erfreute: Teamsitzungen per Bildschirm waren möglich – das konnten wir uns zu Beginn niemals vorstellen.

Die Sitzungen waren effektiv – keine „störenden" Neben- und Zwischengespräche. Sie waren effizient – das Teilen des Bildschirmes machte das gemeinsame Arbeiten an Texten super einfach. Sie waren kinderfreundlich – das Wegfallen der Fahrzeiten (viele Kolleg*as kamen aus Köln) erhöhte die Vereinbarung von Team- und Kinderbetreuungszeiten, z.T. ermöglichte sie diese sogar erst. Und wir waren überrascht, dass auch über den Umweg der Technik eine gefühlsmäßige Verbindung untereinander zu gelingen schien.

---

[44] Da im Team mehrere Kolleg*innen durch Corona besonders gefährdete waren, hielten wir diese Form der Teamsitzungen bis Mitte 2023 bei.

Im Nachhinein stellte ich jedoch fest: Der virtuelle Team-Raum unterminierte unsere TuBF-Kernkompetenz, einen lebendigen und tragenden Kontakt miteinander zu gestalten.
Um das deutlicher werden zu lassen, hier ein kurzer Rückblick, wie sich das Miteinander der TuBF *vor* Corona gestaltete:

Fast immer war hör- und fühlbar, dass in der TuBF mehrere Personen die Räume füllten. So erklang schon mal ein Lachen durch die Flure oder eine hörbare Auseinandersetzung mit der Technik.
Mittwochs war unser Teamtag, das heißt, an diesem Tag waren alle persönlich anwesend: Sechs bis acht Personen, manchmal mit Assistent*innen und Praktikant*innen noch mehr.
Zu unserem Jubiläum 2002 hatte ich den Team-Tag so charakterisiert:

> *„Die Schönheit eines ganz normalen Mittwochs:*
> *Der Mittwoch ist ein sehr spezieller Tag in der TuBF. Er bildet auf besondere Weise ein Zentrum der gemeinsamen Arbeit. Hier konzentriert sich die Vielfalt der Projektarbeit und von hier aus laufen die Fäden, die den TuBF-Organismus mit vielfältigster Nahrung versorgen.*
> *Ein **roter** Faden webt das Plenum. Dieser Faden strickt wesentlich die Elemente Planung & Organisation: Er strukturiert eine Atmosphäre, die geprägt ist von Sachlichkeit und Geschäftsmäßigkeit. Es passiert immer wieder, daß ein Lachen wie ein oranger Sonnenball alles durcheinanderwirbelt oder daß ein Ärger wie ein silberner Blitz für Entspannung und Erleuchtung sorgt.*
> *Ein **grüner** Faden webt die Supervision. Mit ruhiger Konzentration löst er Verwicklungen auf, entwickelt*

*hilfreiche Bilder, verbindet die Elemente der Lehre
kunstvoll mit den Elementen lebendigen Seins. Die Atmosphäre ist von Zugewandtheit und Fachwissen geprägt; Wellen und Rhythmen von Gefühlen sind dabei
hilfreiche Verbindungen, die ein sicheres Netz für die
Zusammenarbeit zu knüpfen vermögen.*

*Ein **violetter** Faden webt den Arbeitskreis. Hier können
Theorien, Ideen, Modelle und Gedanken Gestalt annehmen, reifen und weitergesponnen werden. Neugierde
und Interesse lassen eine Atmosphäre entstehen, die
sich von den Werken der unterschiedlichen Referentin-
nen bereichern lässt. Über die Jahre entsteht so ein
Schatz an Wissen, der das Erscheinungsbild der TuBF
mitbestimmt.*

*Ein **gelber** Faden webt die Pausen und Übergänge. Ob
gemeinsames Mittagessen oder Rückzug, ob Hun-
despaziergang oder schnelle Erledigungen, die verschiedenen Fäden sind tatsächlich so verschieden, daß
auch die Zwischenzeiten eine wichtige Bedeutung haben: Begrenzen, Verdauen, Zentrieren, damit der
nächste Faden wieder aufgegriffen werden kann.*

*Ein **blauer** Faden webt die Einzeltherapien. Nur gering
ist sein Einfluss am Mittwoch, macht er doch die Haupt-
arbeit der anderen Tage aus. Sein Focus liegt auf dem
Zweier-Kontakt; Konzentration und Mitgefühl bilden
ein Grundmuster, das in jeder Therapie auf unterschiedlichste Weise ausgestaltet wird.*

*Ein **schwarz-gelber** Faden webt die Bürozeit. Bienen-
schwarmgleich sammelt er sich um Schreibtische, wird
über den Weg zu den nächsten Blumen-, nein: Geld-
Töpfen kommuniziert, werden Telefonate überhört*

oder selbst geführt, Aufgaben erledigt, wird gelacht, gestöhnt, das Piepen des Faxgerätes und der Streit der Kollegin mit dem Computer ertragen, Gespräche vor- und nachbereitet, Papiere gesucht und gefunden. Lebendigkeit pur."

Ich erinnere mich an eine Kolleg*in die in der Teamsitzung oder im AK am besten denken und formulieren konnte, wenn sie aufstand oder ein paar Schritte ging. Andere Kolleg*innen fanden sich irgendwann gemeinsam vor der Heizung sitzend wieder oder ein gemeinsamer Süßigkeitenhunger läutete eine lachende Schokoladenpause ein.

Dagegen war die Arbeit unter Corona... cool?

Bei aller Effektivität und individuellen Flexibilität, die durch die Videoteams möglich waren - die Teamprozesse in dieser Zeit wären in Präsenz anders verlaufen. Wir hätten besser und früher miteinander und aneinander wahrgenommen, was nicht gut läuft, davon bin ich heute überzeugt.

Der gesellschaftlich-feministische Diskurs polarisiert

Geschlechtsidentitäten, die Grenzen der Zweigeschlechtlichkeit überschreiten, erschütterten fundamentalistische und offensichtlich auch feministische Sichtweisen. Die Diskussionen um Trans*-Themen wurden gesellschaftlich extrem polarisierend diskutiert. Das verwunderte einerseits nicht, denn es geht um Definitionsmacht in einem ungerecht strukturierten Geschlechtersystem, das auf vielen Ebenen körperlicher, seelischer und sozialer Art Spuren hinterließ und zu polaren Sichtweisen verführen mochte. Einige traditionelle Feministinnen verstanden sich als Kämpfer*innen gegen patriarchale Strukturen und verwechselten das Patriarchat mit „den Männern".

Andererseits war eine selbstbestimmte und selbstdefinierte Auffassung von GESCHLECHT ein Vermächtnis alter und neuer Frauen*bewegungen und der erbitterte Streit um geschlechtliche Deutungshoheit erstaunte doch.

Um mit der argentinisch-brasilianischen Anthropologin *Rita Laura Segato* zu sprechen: Es sei wichtig,

> *„die Frage der Geschlechter nicht zu ghettoisieren, sie nicht isoliert zu betrachten. Das heißt, sie nie vom weiteren Kontext losgelöst zu betrachten, sie nicht ausschließlich als eine Frage der Beziehung zwischen Männern und Frauen zu sehen, sondern als den Modus, in dem diese Beziehungen im Rahmen ihrer historischen Bedingungen entstehen ....*
>
> *Ich bin überzeugt, dass sowohl die Femizide als auch die homophoben Gewalttaten, die Ermordung von Travestis* und Transmenschen allesamt Verbrechen des gleichen Typs sind, nämlich Verbrechen des Patriarchats gegen alles, was seine Ordnung, seine patriarchale Hierarchie herausfordert"*[45]

TuBF-Konsens war das Recht jedes Menschen, seine eigene Geschlechtsidentität für sich selbst zu bestimmen. Dieser Konsens reichte am Ende nicht aus, um ein gemeinsames Statement herauszugeben. In unseren anhaltenden Versuchen, einen gemeinsamen Umgang und eine inklusive Sprache zu finden, entstanden Gräben. Zusätzlich zu den zuvor genannten Faktoren machte das polarisierende gesellschaftliche Grundrauschen wohl auch vor der TuBF-Tür nicht halt.

Ich könnte es heute auch so beschreiben: Es ist gerade *nicht*

---

[45] Rita Laura Segado: „Wider die Grausamkeit. Für einen feministischen und dekolonialen Weg." Mandelbaum. Kritik und Utopie, 2021, S. 19 / S. 28

gelungen, die polaren Gegensätze der gesellschaftspolitischen Diskussion gegen Trans*Rechte, die so tut als ginge es um das Recht einer besonderen Gruppe gegen das Recht einer Mehrheit, zu überwinden. Meine Intention – in der TuBF-Tradition des „Darüber hinaus Denkens" – war eben nicht: Entweder wir sind eine Beratungsstelle für queere Menschen, oder wir sind eine Beratungsstelle für Cis-Frauen. Vielmehr sollte BEIDES möglich gemacht werden. Darüber konnte leider keine Verständigung erzielt werden.

Soweit zu den vier äußeren Faktoren, die in dieser Zeit wirksam waren. Sie erschwerten es uns schwer, auf individuelle und Teamfähigkeiten zurückgreifen zu können.
Ich frage mich heute, woran uns diese ungünstigen Bedingungen hinderten und was es uns hätte leichter machen können. Einige dieser Überlegungen möchte ich benennen, denn ich glaube, sie sind für jedes Team nützlich, das mit schwierigen und komplexen Themen beschäftigt ist.

Was hätte es leichter machen können?

- Die Dimensionen eigener Frustration und Überforderung dem Team gegenüber rechtzeitig offenbaren.

- Unmut und Ärger aufeinander in den Kontakt bringen und konstruktiv nutzen.

- Sich im Team sichtbar und angreifbar machen, im Vertrauen darauf, dass ein Miteinander gelingen kann.

- Die Fähigkeit der Unterscheidung üben. Im Umgang mit einem schwierigen Thema ist in einem Team erst einmal Vieles denkbar. Da könnte es um nicht tolerierbare Ignoranz dem Thema gegenüber gehen. Da könnte es um Überforderungen gehen. Da könnte es um inhaltliche Differenzen gehen. Da könnte es um gruppendynamische Prozesse[46] gehen. Diese Phänomene voneinander zu unterscheiden, würde Konflikte handhabbarer machen.

- Aus dem scheinbar sicheren polaren Denken, dass es zwischen richtig und falsch eine klare (politische) Grenze gäbe, heraustreten und stattdessen Mehrdeutigkeiten und Kontexte anerkennen und zulassen.

- Rechtzeitig die Signale von Anstrengung Einzelner aufgreifen und zum gemeinsamen Thema machen, statt sie als inhärenten und unvermeidbaren Bestandteil eines „Verlassens der Komfortzone" fehlzuinterpretieren.

- Sich rechtzeitig verantwortlich dafür fühlen, eine Teamregel aufzugeben, wenn sie nicht mehr einem guten Miteinander dient. Zum Beispiel war die Regel, auf jedes versehentliche Misgendern aufmerksam zu machen als gemeinsames (Um-) Lernen gedacht, störte aber in der Praxis Offenheit, Verständigung und Begegnungen.

---

[46] z. B. systemische Opfer-Täter*innen-Retter*innen-Verstrickungen, o.a.

- Ein wohlwollendes Miteinander beibehalten, das unterschiedliche Schnelligkeiten im Aneignen einer inklusiven Sprache akzeptieren kann. Der Wunsch, mit weitem Herzen Öffnungen zu gestalten wurde konterkariert durch den Wunsch und die Forderung, keine Fehler zu machen.

- Die Wahrnehmung dafür, dass sich gegenseitiger Respekt in mehr als äußeren Formen wie z. B. dem fehlerlosen Gendern zeigt.[47]

- „Was ist wichtiger", fragte Großer Panda, „der Weg oder das Ziel?" „Die Gefährten", sagte Kleiner Drache."[48]

- „Jenseits von richtig und falsch gibt es einen Ort. Hier können wir einander begegnen."[49]

Wir wollten alles richtig machen – und sind uns nicht begegnet. Es tat mir im Herzen leid, dass wir es nicht schafften, die nächsten Schritte der Öffnung gemeinsam zu gehen.

Zusammengefasst möchte ich festhalten: Wenn ein Team gesellschaftliche Vielfalt auch in der Teamzusammensetzung

---

[47] Leslie Feinberg z. B. verwendete die Pronomen „she/zie" und „her/hir" für sich, machte aber deutlich, dass ihr der Respekt wichtiger war: „I care which pronoun is used, but people have been respectful to me with the wrong pronoun and disrespectful with the right one. It matters whether someone is using the pronoun as a bigot, or if they are trying to demonstrate respect."
[48] „Großer Panda und Kleiner Drache" von James Norbury.
[49] ein Zitat, das Rumi zugeschrieben wird.

abbilden möchte, kann eine gute gemeinsame Vorbereitung im Team *vorher* hilfreich sein. Neben dem Mut aller Beteiligter braucht es den persönlichen, leiblich-präsenten Kontakt, um sich aufeinander einlassen/einstellen zu können, um sich kennenzulernen und in Resonanzen gehen zu können. Und es braucht unbedingt (neben fachlicher Begleitung/Fortbildung) eine Team-Supervision.

Ausblick

Abschließend möchte ich noch einmal den TuBF-Text zitieren, Geschlechtervielfalt kann eng und weit gedacht werden: **„Eng bleibt es in der Suche nach dem politisch korrekten, dem bewussten, fehlerlosen Verhalten und Sprechen. Weit kann es werden in der Übung darin, vielfältige und widersprüchliche, ver-rückte, ungleiche und sich verändernde Erscheinungsformen und Lebensentwürfen von Menschen wahrzunehmen - und sie als ein Mehr anzuerkennen. Ein Mehr, das etwas möglich macht, und nicht etwas nimmt. Ein Mehr, das dazu auffordert, persönliche Positionen zu finden, sich zu zeigen mit dem jeweils Eigenen. Es geht um Versuche, Prozessen der Auseinandersetzung einen ebensolchen Wert beizumessen wie einem guten oder richtigen Ergebnis. Fragend gehen wir voran."**

Das letzte Wort überlasse ich Judith Butler, in meinen Worten, so wie ich sie verstehe:

Nehmt Euch alle nicht so ernst.
Erschreckt nicht, wenn das mit den Geschlechtern nicht so eindeutig ist.

Erlaubt Euch, mit Geschlechtsrollen zu spielen, sie zu erweitern, sie zu übertreiben, sie zu unterlaufen. Nichts geht dabei verloren.

Werdet weit in Euren Annahmen, Bildern und Kategorien; die Welt ist viel größer und das menschliche Zusammenleben viel reicher, als Ihr denkt.

Schöpft es aus.

Schöpft auch aus, was Verunsicherung, Konflikte, Irritationen und Zwischentöne zu bieten haben. Lasst Euch nicht ängstigen. Es ist alles da.

GEWALT GESCHLECHT GESELLSCHAFT

Die bisherigen Kapitel bezogen sich auf Geschichte(n) der Frauen*beratung, in denen Projekt-Gestaltungen und Team-Entfaltungen Thema waren. In den nächsten zwei Texten verlasse ich nun diese Sphäre und richte einen reflektierenden kritischen Blick auf feministische Politiken, die sich in der Therapie und Beratung von Frauen* abbildeten.

Ich beginne ich mit dem Thema „Gewalt Geschlecht Gesellschaft" und schreibe über *meine* Sicht, die aus der Praxis kommt und darüber hinausschauen möchte. So geht es um die Gewalt gegenüber Menschen, die als Frauen* wahrgenommen werden; es geht um Gewalt gegenüber Menschen, die der binären Geschlechterordnung nicht entsprechen und um die Gewalt gegenüber Menschen, bei der geschlechtsbezogene Erfahrungen, Annahmen und Zuschreibungen ein Motiv oder ein Hintergrund für die Gewalt darstellen – oder so interpretiert werden können.

Über dieses Thema zu schreiben, bedeutete für mich, immer wieder inneren Widerständen zu begegnen. Mir erscheint es kaum möglich, über geschlechtsbezogene Gewalt zu schreiben, ohne schematische Geschlechterbilder zu reproduzieren. Dabei ist es mir ein Anliegen, aus der starren **Geschlechterpolarität** herausfinden. Eine Polarität, die MANN und FRAU als zwei verschiedene Teile eines Ganzen ansieht, wodurch bei jeder Aussage über ein Geschlecht automatisch eine vermeintliche Aussage über das andere getroffen wird. Ebenso möchte ich die starre **Geschlechterbinarität** aufgeben, die davon ausgeht, dass es nur MANN und FRAU gibt und die ignoriert, dass es nicht nur zwei Geschlechter gibt.

Diese beiden Geschlechtervorstellungen bieten einen ideologischen Nährboden für geschlechtsbezogene Gewaltausübung und gleichzeitig scheint der gesellschaftliche Diskurs darum ohne die Geschlechter-Zweiteilung kaum auszukommen. (M)ein Dilemma.[50]

Ein kurzer Rückblick:

> *„Seit den 1960er-Jahren büßte der Begriff »Gewalt« seine positiv konnotierte Bedeutung als potestas – die Fähigkeit, Macht und Herrschaft ausüben zu können – schrittweise und weitgehend ein; »Gewalt« wird seither fast ausnahmslos im Sinne der negativ konnotierten violentia, der aggressiven und verletzenden Gewalttätigkeit, verstanden.[51]"*

In Deutschland gründete sich 1974 im Berliner Frauenzentrum die erste Frauengruppe „Frauen gegen Gewalt gegen Frauen". 1976 öffnete in Berlin das erste Frauenhaus seine Pforten und in Brüssel kommt das "Internationale Tribunal Gewalt gegen Frauen" zusammen. Simone de Beauvoir hielt dieses Treffen für ein großes historisches Ereignis.[52] 1978 initiierte das Kölner Frauenzentrum ein Nationales „Tribunal Gewalt gegen Frauen".

Beginnen wir also mit „häuslicher Gewalt".

---

[50] Ana Maria Miranda Mora macht genau das zum Thema in: Julia Roth, Heidemarie Winkel, Alexandra Scheele „Geschlecht – Gewalt – Global. Gewalt im Zentrum weltweiter Angriffe auf Frauen- und Geschlechterrechte."
[51] *Svenja* Goltermann: Gewaltwahrnehmung. Für eine andere Geschichte der Gewalt im 20. Jahrhundert. 2020
[52] https://frauenmediaturm.de/neue-frauenbewegung/vergewaltigung/

HÄUSLICHE GEWALT

„Häusliche Gewalt" ist ein Hilfskonstrukt, um Gewalt in Beziehungen zu benennen. Oft sind das eheliche oder langjährige Beziehungen, die heterosexuelle, homosexuelle oder darüber hinausgehende (sexuelle) Beziehungsformen sein können. Aber auch Gewalt zwischen Generationen (gegen Kinder, gegen Eltern durch erwachsene Kinder, gegen Alte) und auch gegenüber Verwandten oder Schutzbefohlenen können damit umschrieben werden.

Es lohnt ein kurzer Wikipedia-Exkurs zur Wortherkunft von „häusliche Gewalt":

> *„Häusliche Gewalt ist ein Begriff der deutschen Sprache des 17. bis 19. Jahrhunderts, der synonym mit dem Rechtsbegriff der „väterlichen Gewalt" genutzt wurde. Er bezeichnete die damals zentrale Herrschaftsposition des Vaters im Haus und in der Familie. ... Bereits damals wurde die Möglichkeit des Missbrauchs der häuslichen oder väterlichen Gewalt und Macht in Betracht gezogen:*
> *Eine weise Regierung soll [...] dem Hausvater auch nicht mehr von seiner Gewalt und Rechten entziehen, als es diesem Zusammenhange und dem gemeinschaftlichen Besten des Staats gemäß ist. Sie soll den offenbaren Missbrauch der häuslichen Gewalt hemmen und bestrafen; sie soll aber nicht alle häusliche Gewalt aufheben.* [53];

---

[53] Heinrich Gottfried Scheidemantel: Des Herrn von Justi Natur und Wesen der Staaten als die Quelle aller Regierungswissenschaften und Gesetze. Mitau 1771, S. 417

Auch wenn das Bild der ehelichen oder häuslichen Gemein-schaft sich gewandelt hat, mag dieser geschichtliche Hinter-grund ein Aspekt sein, der Gewalt in Familien und Beziehungen mitbegründen kann.

Heute könnten wir das Patriarchat als beendet[54] betrachten, denn die „väterliche Gewalt" hat keine explizite Rechtsgrund-lage mehr in Ehe und Familie.

Handlungsfähig bleiben

Trotzdem geschieht Missachtung, Verletzung und Tötung auch innerhalb des Ortes, der oft als Hort der Sicherheit und Gebor-genheit verklärt wird. Vorab erscheint es mir wichtig, folgen-des klarzustellen:

Wer zuschlägt, trägt dafür Verantwortung.

Wer verletzende oder demütigende Worte ausspricht, trägt dafür Verantwortung.

Wer als Zeug*in oder Betroffene*r Gewalt deckt oder zulässt, trägt dafür Verantwortung.

Wenn Gewalt wiederholt geschieht, geht es um Schutz. Darum, sicherzustellen, dass sie nicht alltäglich bleibt oder wird. Für die Person, die Gewalt erlebt, geht es darum, für sich (und die ihr anvertrauten Kinder) Sicherheit wiederherzustellen: Ent-weder zu erreichen, dass die tatausübende Person geht, oder selbst zu gehen. Zu fliehen. An sichere Orte, zu freundlichen Menschen oder in ein Frauenhaus.

---

[54]Mal nachlesen: Libreria delle donne di Milano (Hg.in), Das Patriar-chat ist zu Ende. Es ist passiert - nicht aus Zufall

Es spielt an dieser Stelle keine Rolle, **warum** Täter*innen (aus Verzweiflung, um zu manipulieren, um Ohnmachtsgefühlen zu entkommen, um sich mächtig zu fühlen, um in Männerbünden dazuzugehören, ...) verletzen. Es geht nur darum, wahrzunehmen, was geschieht und sich in Sicherheit zu bringen, um den Kreislauf der Gewalt nicht zu beginnen, nicht aufrechtzuhalten, ihn zu unterbrechen und handlungsfähig zu bleiben.

Später, wenn Sicherheit wiederhergestellt ist, kann es wichtig werden, sich aus der Distanz noch einmal den Ereignissen und dem Kontext zuzuwenden. Es kann darum gehen, begreifen zu wollen, was Gewalt verursacht oder gefördert hat und wie sich Lebensverhältnisse oder Haltungen verändern müssen, um Wiederholungen zu vermeiden. In einer solchen Auseinandersetzung geht es dann durchaus auch darum, der Dynamik in Beziehungen, der eigenen Verflechtungen und Abhängigkeiten Aufmerksamkeit zu schenken.

Manchmal passiert dann etwas, das eine große Falle ist:
- Der Fokus auf den Kontext wird fehlinterpretiert als Entschuldung des oder der Täter*in.
- Die Verantwortung für das eigene Leben zu übernehmen wird fehlinterpretiert als Selbstverschuldung der Gewalterfahrung

Als bestände die Welt nur aus zwei Polen, die wie bei einer Waage voneinander abhängig sind: Bekommt eine Seite mehr Gewicht, reduziert sich automatisch das Gewicht der anderen Seite. Wenn ich viel Verantwortung trage, trägt der Andere weniger; wenn ich im Unrecht bin, ist der Andere im Recht. Dieses statische polare Muster ist lebensfern. Zudem verstärkt es destruktive Impulse, denn innerhalb dieses polaren Denkens scheinen Konflikte oft nur lösbar in einem „entweder ich oder du". Diese Engführung unterstützt ungute Bindungen, so dass es eine Aufgabe sein kann, die innere Bindung an den anderen zu lösen, damit jede Person ihre eigene Zukunft neu schreiben kann.

„Warum geht sie denn nicht einfach?"

Sich mit Gewalt zwischen Partner*innen und Familien zu beschäftigen, löst manchmal Irritationen aus, die in die Frage münden: „Warum geht sie denn nicht einfach?"
Antwort: Weil es für viele Personen und in vielen Kontexten manchmal nicht einfach ist.
Wenn ich hier von „sie" und „er" spreche, ist das zuerst einmal kein Ausschluss der Möglichkeit, dass es auch andersherum sein kann. Bisherige Erkenntnisse lassen den Schluss zu, dass Muster und Schweregrade von Gewalt in Paarbeziehungen geschlechtsspezifische Unterschiede aufweisen. Frauen* sind häufiger betroffen von schweren fortgesetzten Formen von Gewalt und Misshandlung, von sexueller Gewalt sowie von systematischem Gewalt- und Kontrollverhalten. Bei Gewalt als spontanem Konfliktverhalten gleichen sich die Unterschiede zwischen den Geschlechtern wieder aus.[55]
Zurück zur Frage „Warum geht sie denn nicht einfach?"

---

[55] Daniela Gloor, Hanna Meier, Zürich (FamPra.ch 3/2003): Gewaltbetroffene Männer – wissenschaftliche und gesellschaftlich-politische Einblicke in eine Debatte

Mir sind folgende Motive, in Gewaltverhältnissen zu bleiben, begegnet:

- Ich möchte, dass er von selbst das Verhalten ändert, er soll ein anderer sein.
- Ich möchte, dass er sich trennt, dann bin ich nicht dafür verantwortlich.
- Ich möchte, dass er meine Notlage und die Trennungsnotwendigkeit versteht und gutheißt, erst dann kann ich gehen.
- Ich möchte ihn verstehen, dann kann ich ihn vielleicht ändern.
- Ich möchte mir sein Verhalten erklären können, damit es kein Fehler ist, wenn ich gehe.
- Ich kann ihn nicht verlassen, denn er braucht mich doch.
- Ich brauche zuerst die Legitimation einer anderen Autorität als meiner eigenen, die ihn verurteilt, als krank diagnostiziert oder für böse befindet, erst dann habe ich einen legitimen Grund, mich zu trennen.
- Ich möchte eine Familie oder Partner*innenschaft behalten und kann mir nicht vorstellen, allein zu leben.
- Woher weiß ich, dass die nächste Beziehung anders wird?
- Ich möchte vor mir selbst, aber auch vor Freund*innen und Nachbar*innen unbedingt das Bild der heilen Familie und Beziehung aufrechterhalten, auch wenn es nicht real ist.
- Ich möchte die finanzielle Versorgung / bezahlbaren Wohnraum nicht verlieren.

- Ich fühle mich verantwortlich dafür, dass in der Familie alles gut ist und kann mir und anderen nicht eingestehen, dass mir das nicht gelungen ist.
- Ich möchte die Hoffnung nicht aufgeben.
- Ich möchte einen gesellschaftlichen Abstieg verhindern.
- Ich möchte den Kindern den Vater nicht nehmen, auch wenn er gewalttätig ist.
- Ich möchte in einem Familienverband bleiben, der mir vertraut ist, auch wenn er gewaltvoll ist.

Es ist schwieriger die Gewalt zu beenden, je normaler sie empfunden wird. Es ist schwieriger zu gehen, je geringer die äußeren Freiheitsgrade und Ressourcen sind, je isolierter Menschen leben, je länger Gewaltverhältnisse dauern.

Manchmal geschieht es, dass Personen sich nicht in Sicherheit bringen möchten, weil sie diesen Schritt mit der Bedeutung überformen, dann den „Kampf" verloren zu haben. Was zum einen bedeutet, das Ende der Ehe oder Beziehung anzuerkennen, zum anderen aber auch bedeutet, dem „Sieger" das Feld zu überlassen, denn meistens verlassen Täter*innen nicht freiwillig den Tatort, die Familie. Diese kriegerischen Vokabeln machen vielleicht einen inneren Kampfmodus deutlich, der auf traumatische Prozesse hinweisen kann. Auch wirkt manchmal der Glaubenssatz, Flucht sei ein Zeichen von Schwäche. Dabei braucht es Stärke, Altes zu verlassen, sich in Sicherheit zu bringen und Neues zu entwickeln.

Ein weiteres Motiv ist mir begegnet. Oft erschöpfen Frauen* ihre Kraft, weil sie viel Energie in den Versuch investieren, das gewaltvolle Zusammenleben zu verändern. Je länger jedoch

der Zustand anhält, desto mehr Raum kann eine Dynamik bekommen, die mich auch an Kriegsmechanismen erinnert:

So viel meiner Kraft ist in das Bemühen geflossen, dass
sich etwas (dass er sich) ändert. Jetzt aufzugeben
würde bedeuten, dass diese ganze Energie umsonst
war. Wenn ich mir noch ein wenig mehr Mühe gebe,
wenn ich dem Prozess (oder ihm) noch etwas Zeit
gebe, dann muss sich doch bei dem ganzen Kraftauf-
wand bald ein Erfolg einstellen?

Und dann ist da manchmal die Drohung des Mannes*, die Part-
nerin zu töten, wenn sie geht. Dass Drohungen ernst zu nehmen sind, zeigt der Abschlussbericht des Forschungsprojektes
„Gewalteskalation in Paarbeziehungen" des Institut für Polizei
und Sicherheitsforschung [IPoS], August 2009:

*„Unter dem Aspekt der polizeilichen Gefahrenabwehr spie-
len Intimizide auf dem Hintergrund von (Nach-) Trennungskonflikten eine herausragende Rolle. Zwei Drittel aller
Tötungsdelikte ereignete sich auf dem Hintergrund von
Trennungskonflikten, so dass die Trennung als DER Hochri-
sikofaktor für letal verlaufende Beziehungsgewalt identifi-
ziert werden kann. Das Tötungsrisiko ist dabei besonders
hoch, wenn*

- *es sich um eine etablierte Partnerschaft handelt (10
Jahre...)*
- *die (räumliche) Trennung bereits vollzogen ist,*
- *bereits Todesdrohungen gegen die Ex-Partnerin
und/oder gegen Dritte ausgesprochen worden sind und*

- *Hinweise auf exzessive Macht- und Kontrollmotive des Gefährders, unter Umständen auch im Zusammenhang mit Stalking vorliegen.*

Wenn diese Bedingungen vorliegen, muss bereits von einer Hochrisikokonstellation ausgegangen werden... Bei jedem fünften Tötungsdelikt in der Trennungsphase ließen sich keinerlei Gewalthandlungen im Vorfeld identifizieren, d.h. der tödliche Angriff war die erste Gewalthandlung überhaupt, die allerdings in der Mehrzahl der Fälle verbal angekündigt worden war. Daraus ergibt sich die Notwendigkeit, auch bei bislang gewaltfrei ausgetragenen Trennungskonflikten jede Drohung ernst zu nehmen und mit aller gebotenen Konsequenz polizeilich zu intervenieren."[56]

Darüber hinaus ist psychodynamisch nicht zu unterschätzen, dass Gewalt Bindungskraft hat. Je früher und je länger im Nahbereich Gewalt geschieht, desto stärker ist der Sog dieser gewaltigen Bindung. Es kann sich so anfühlen, als gäbe es jenseits dieser Bindung keine Existenz. Das macht eine Trennung manchmal umso schwerer, je sadistischer und extremer eine Gewaltbeziehung ist.

Alle diese privat und individuell erscheinenden Motive sind stark macht- und geschlechterbezogen geprägt. Daraus herauszutreten und Abhängigkeits- oder Ohnmachtsgefühle hinter sich zu lassen, braucht Eigenverantwortung als Quelle der Kraft und des Empowerments. Und es braucht gleichermaßen

---

[56] https://publikationen.uni-tuebingen.de/xmlui/bitstream/handle/10900/79795/Gewaltesk_Forschungsproj_lang.pdf?sequence=1

solidarische Unterstützung. Nur dann können andere Perspektiven wahrgenommen werden. Manchmal ist es auch hilfreich, dafür eine fachlich ausgebildete Person anzusprechen.

Auch wenn häusliche Gewalt medial oft als „Familiendrama" dargestellt und damit politisch-patriarchalen Aspekten enthoben wird, ist es nicht hilfreich, die Beziehungsaspekte zu leugnen. Wir sollten uns nicht verführen lassen, häusliche und Beziehungs-Gewalt **entweder** als „Beziehungstaten" **oder** als „patriarchale Hybris" zu betrachten. Die besondere Dynamik bei diesen Gewaltformen entsteht ja gerade daraus, dass sie beides ist.

Und: Jeder Mensch hat an jedem Punkt die Freiheit, zu entscheiden. Immer. Und immer wieder.

Mächtige Symbole

Das alles spielt vor auf dem Hintergrund ab, dass FAMILIE in der Definition von Ehe und Blutsverwandtschaft[57] eine starke und historisch machtvolle gesellschaftliche Institution ist.

Der Kitt, der diese Bindung zusammenhält, ist vielfältig, weil er sowohl auf der emotionalen, spirituellen, als auch auf der gesellschaftlichen und rechtlichen Seite Normen setzt. Schauen wir uns diese Bindungsfaktoren an:

---

[57] Wie Kontext- und Zeit-abhängig diese Definition von Familienverwandtschaft ist, beschreibt Christina von Braun eindrücklich in ihrem Buch „Blutsbande. Verwandtschaft als Kulturgeschichte."

Romantik ist ein emotionaler Kitt.

Starker Prinz und bezaubernde Prinzessin mögen für erwachsene Menschen keine große Anziehung mehr haben. Aber die damit verbundenen Geschlechtsbilder wirken weiter, z. B., indem Frauen*eine größere Unschuld und Verletzlichkeit unterstellt und Männer* eher als unverletzbarere und beschützende Helden (oder potenzielle Täter) imaginiert werden.

Die Hochzeit als „schönster Tag im Leben einer Frau" scheint ein unverwüstlicher Gemeinplatz zu bleiben. Selbst hohe Trennungs- und Scheidungsraten und viele Patchworkfamilien scheinen diesen Wunsch nicht in Frage zu stellen.

In der gleichzeitigen Sehnsucht nach Verbundenheit und nach Autonomie liegt ein energetisches Potential, das zwischen Abhängigkeit und Freiheit schwingt. Zärtliche Liebe als auch Hass- und Abgrenzungsimpulse können zuweilen dicht beieinander liegen.

Wenn ein System wie das des romantischen Liebesideals eines der Impulse, nämlich das der Autonomie unterdrückt, dann liegt darin ein enormes Gewaltpotential.

Wenn Menschen z. B. eine (intime) Beziehung zu einem:r Partner:in zum einzigen exklusiven zwischenmenschlichen Kontakt verklären und andere soziale Bezüge abwerten und vernachlässigen, dann tragen sie Verantwortung für die Destruktivität, die eine solche (ideologische) Zwangsgemeinschaft entwickeln kann.

Recht ist ein sachlicher, rationaler Kitt.

In Art. 6 Abs. 1 des Grundgesetzes steht: „Ehe und Familie stehen unter dem besonderen Schutze der staatlichen Ordnung." Neben dem Schulwesen, das unter der Aufsicht des Staates steht (Art. 7) sind alle anderen Grundrechte die Garantie von

Rechten. Nur die Institution Ehe wird darüber hinaus explizit staatlich geschützt.

In Art. 16 Abs. 3 der Allgemeinen Erklärung der Menschenrechte ist festgelegt:

„Die Familie ist die natürliche Grundeinheit der Gesellschaft und hat Anspruch auf Schutz durch Gesellschaft und Staat."

Der Internationale Pakt über bürgerliche und politische Rechte legt in Art. 23 fest:

„Die Familie ist die natürliche Kernzelle der Gesellschaft und hat Anspruch auf Schutz durch Gesellschaft und Staat."

Neben den expliziten gesetzlichen Regelungen dient dieser besondere Schutz von Ehe und Familie auch der Sicherstellung der Care- und Erziehungs-Arbeit innerhalb der Familien, ohne die eine Gesellschaft nicht funktionieren würde. Trotzdem wird diese Arbeit bisher nicht in ökonomische politische Konzepte integriert.

So ist es folgerichtig, dass die eheliche Verbindung, so privat sie auch empfunden wird, eine staatliche Institution ist, in der der/die Standesbeamt*in die Eheschließung vollzieht und das Paar dieses Bündnis ohne staatliche (richterliche) Erlaubnis nicht auflösen kann.

Der Schutz betrifft in erster Linie die Institution, in zweiter Linie die Menschen. Erst nach jahrelangem Engagement von Feminist*innen wurde 1977 das Schuldprinzip bei einer Ehescheidung abgeschafft und 1997 beschließt der Bundestag endlich die Strafbarkeit der Vergewaltigung in der Ehe.

Religion[58] ist ein spiritueller Kitt.

Der Ritus des *Vater*-Mannes, der die Tochter zum Altar führt und in die Hände des *Ehe*-Mannes gibt, mag nicht mehr allerorten praktiziert werden. Eine symbolische Erzählung, die in Filmen und Büchern reproduziert wird, bleibt er weiterhin. Das liturgische Eheversprechen „bis dass der Tod euch scheidet" oder "Treue halten alle Tage ihres [seines] Lebens" erschwert für religiöse Menschen das Beenden einer Beziehung. In der katholischen Kirche ist die Ehe noch mehr überhöht, hier wird sie zum Sakrament, das Treue, Einpaarigkeit, Heterosexualität und Unauflöslichkeit beinhaltet. Dass die Tötung von Frauen* im Kontext von Trennung und Scheidung ein reales Risiko ist, erscheint hier fast folgerichtig. Die Analogie liegt nahe, dass Morde an Frauen in diesem Kontext „im Namen der Ehe" genannt werden müssten.

Die Ökonomie ist ein materieller Kitt.

In Verbindung mit dem Ehe- und Erbrecht ist das Armuts- und damit soziale Abstiegsrisiko bei einer Trennung für Frauen* immer noch nicht zu unterschätzen. Das Ehegatten-Splitting verführt Frauen* dazu, berufliche Aufstiegschancen dem Ehepartner zu überlassen und sich ökonomisch abhängig zu machen.

Die Ehe als Lebensnorm des Glücks ist gesellschaftlicher Kitt

Die Institution Ehe mit Kleinfamilie verspricht dem Individuum (auch als Ausgleich zu beruflichen Anforderungen!) emotionale Sicherheit, persönliches Lebensglück, körperlich-sinnliche Berührungserfahrungen und gesellschaftliche Anerkennung.

---

[58] Ich beschränke mich hier auf die christliche Religion, die anderen religiösen Bezüge, die für viele Menschen Bedeutung haben, sind mir nicht vertraut.

Sie gilt als Hilfesystem, das neben emotionaler Bindung auch Pflege, Fürsorge und Versorgung anbieten soll. Sie soll der Ort sein, an dem sich elementares Begehren, zwischenmenschliche Bedürftigkeit und Kinderglück erfüllen - ein riesiges Versprechen! Und zwei Erwachsene sollen das alles tragen und erfüllen? Und die Menschen, denen traditionell die praktische Verantwortung für diesen gesellschaftlichen Binnenbereich zugeschrieben werden und ihn sich auch zu eigen machen (oft Frauen*) tragen schwer. Wo sich diese Erwartungen als nicht erfüllbar erweisen, wird selten die Struktur oder die Idee von Ehe und Kleinfamilie hinterfragt, sondern es werden individuelle Fähigkeiten angezweifelt.

Fleur Weibel vom Forschungsprojekt «Hochzeitspraktiken» des Schweizerischen Nationalfonds (SNF) beschreibt, dass Ehe sowohl ein Glücksversprechen wie auch ein umkämpftes Privileg ist.

> *„Denn neben der Ehe – die im Hinblick auf die rechtliche und ökonomische Absicherung von Intimbeziehungen gleichsam ein ‚Gesamtpaket' ist – gibt es bisher keine alternativen Gesamt- oder Teilpakete, mit denen Verbindlichkeit und Solidarität (auch über Paar- und Elternbeziehungen hinaus) geregelt werden können. So gesehen ist die Ehe zwar eine Option, aber eine ohne wirkliche Alternativen – außer der Freiheit, keine Ehe zu schließen. "*

Aber nicht alle haben die Möglichkeit,

> *„eine Ehe einzugehen. Tatsächlich wird die Ehe bestimmten Paaren vorenthalten, und kann deshalb nicht als Option gelten: Sie ist vielmehr ein Privileg. Verwehrt wird die Ehe – und damit auch das mit ihr assoziierte ‚Glück' – zum Beispiel binationalen Paaren, denen*

nachgewiesen werden kann, dass sie keine ‚echten' Lie-
bespaare sind, sondern für einen der Partner eine Auf-
enthaltsbewilligung anstreben – was Liebe interessan-
terweise auszuschließen scheint. ... Mit anderen Wor-
ten, während bestimmte Paare ihre Liebe erst bewei-
sen müssen, wird sie bei anderen fraglos vorausgesetzt
und zum Grund der Eheschließung erklärt."[59]

Nun kann diese Auflistung der Kräfte des Symbolischen keine
Absage an gesellschaftliche Rituale oder gegenseitige Versprechen bedeuten. Aber sie könnte den Blick öffnen auf die Notwendigkeit, unsere Formen des Zusammenlebens nicht zu reduzieren auf das ideologieträchtige Konstrukt „VaterMutter-
Kind". Stattdessen könnten Mut und Sehnsucht ein Darüber-
hinaus-denken eröffnen. Wir könnten uns dafür öffnen, Ver-
bindlichkeiten, Wahlverwandtschaften, vielfältigen Verant-
wortungsformen für Kinder und Freund*innenschaften symbolischen und materiellen Wert und Anerkennung zu verleihen.
Dies ist eine gemeinschaftliche Aufgabe, die von vielen Menschen bereits gelebt wird. Sie reduziert nicht die Gefahr, dass
sich häusliche Gewalt entwickeln kann, aber sie bietet entschieden mehr Möglichkeiten, nicht darin zu verbleiben.

Was also tun?
Die Arbeit in Frauenhäusern und -beratungsstellen ist die eine
Seite. Die andere Seite ist die: Wie geht eine Gesellschaft, wie
gehen wir alle mit dem menschlichen Gewaltpotential und der
geschlechtsbezogenen Gewalt um?

---

[59] https://geschichtedergegenwart.ch/warum-heiraten-paare-die-
ehe-zwischen-allgemeinem-gluecksversprechen-und-umkaempf-
tem-privileg/

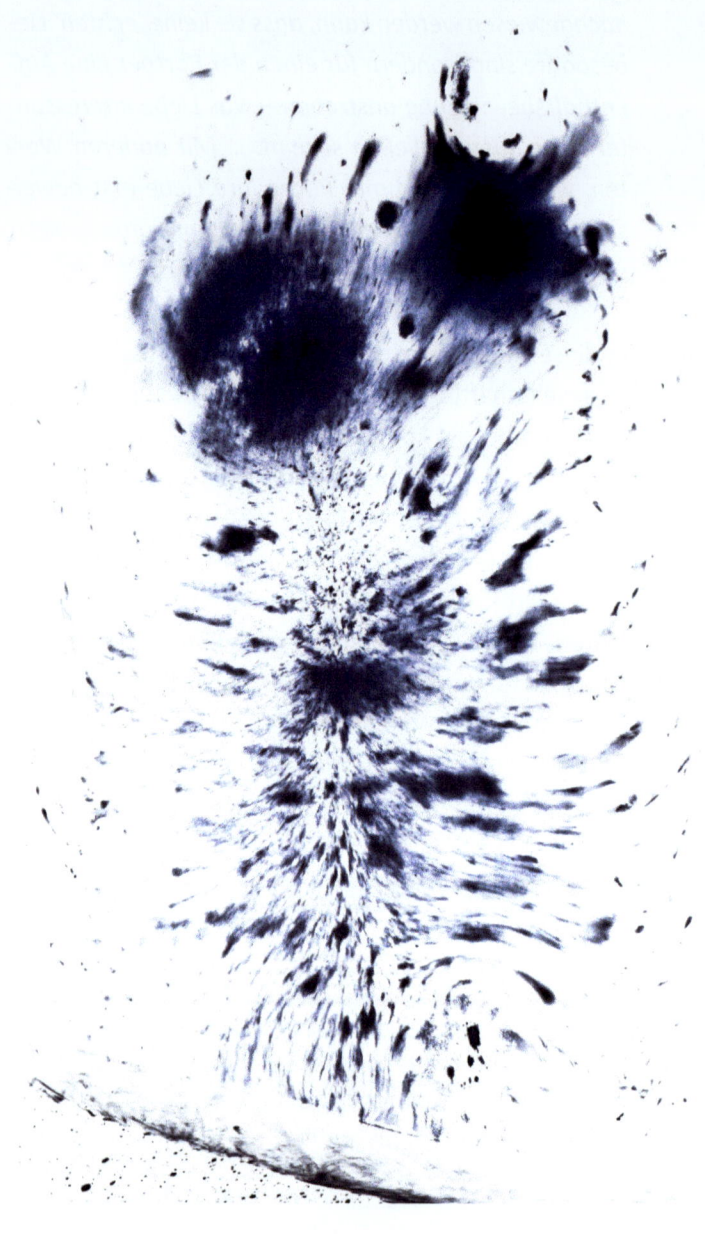

GESCHLECHTSBEZOGENE GEWALT

> *„Man kann nur lieben und ge-*
> *recht sein, wenn man die Macht*
> *der Gewalt kennt und fähig ist,*
> *sie nicht zu achten."*
> Simone Weil[60]

Es wurde unendlich viel demonstriert, aktiviert, aufgeklärt, getagt, geforscht und gezählt.

Das Thema geschlechtsspezifische Gewalt hat sich nicht erledigt, sondern an Brisanz zugenommen und es ist kein Tabuthema mehr. Frauenhäuser und -Beratungsstellen müssen sich nicht mehr legitimieren (was nicht bedeutet, dass sie überall ausreichend gefördert werden) und ihre Arbeit ist weitgehend anerkannt. Eine EU-Richtlinie von 2012 über „Mindeststandards für die Rechte, die Unterstützung und den Schutz von Opfern von Straftaten" definiert:

> *„Eine Straftat stellt ein Unrecht gegenüber der Gesell-*
> *schaft und eine Verletzung der individuellen Rechte des*
> *Opfers dar. Die Opfer von Straftaten sollten als solche*
> *anerkannt und respektvoll, einfühlsam und professio-*
> *nell behandelt werden, ohne irgendeine Diskriminie-*
> *rung etwa aus Gründen der Rasse, der Hautfarbe, der*
> *ethnischen oder sozialen Herkunft, der genetischen*
> *Merkmale, der Sprache, der Religion oder der Weltan-*
> *schauung, der politischen oder sonstigen Anschauung,*
> *der Zugehörigkeit zu einer nationalen Minderheit, des*
> *Vermögens, der Geburt, einer Behinderung, des Alters,*
> *des Geschlechts, des Ausdrucks der Geschlechtlichkeit,*

---

[60] Merkur, Nr. 36, Februar 1951: Ilias: Dichtung der Gewalt

der Geschlechtsidentität, der sexuellen Ausrichtung, des Aufenthaltsstatus oder der Gesundheit. ... Gewalt, die sich gegen eine Person aufgrund ihres Geschlechts, ihrer Geschlechtsidentität oder ihres Ausdrucks der Geschlechtlichkeit richtet, oder die Personen eines bestimmten Geschlechts überproportional stark betrifft, gilt als geschlechtsbezogene Gewalt. "

Diese Definition von 2012 ist sehr umfassend. Ich frage mich jedoch nun nach Jahrzehnten bewegter Frauenpolitiken, ob in Deutschland das Thema „geschlechtsspezifische Gewalt" (noch) eine widerständige, systemkritische feministische *politische* Strategie sein kann. Deutschland ratifizierte 2017 die Istanbul-Konvention, das „Übereinkommen des Europarats zur Verhütung und Bekämpfung von Gewalt gegen Frauen" und wir erleben im Moment einen recht breiten partei-politischen Konsens, Frauen* „gegen Gewalt" zu schützen.

Dieser scheinbare Konsens ist nicht gleichbedeutend damit, dass eine Person, die von geschlechtsspezifischer Gewalt berichtet, damit ernst genommen wird. Sich gegen „Gewalt gegen Frauen" auszusprechen, ist ein sehr kleiner gemeinsamer Nenner. Er stellt noch nicht traditionelle Geschlechtsrollenbilder in Frage, noch benennt er gesellschaftliche Machtverhältnisse. Vielleicht stabilisiert er diese sogar.

Sich medienwirksam gegen „Gewalt gegen Frauen" auszusprechen, ist nahtlos anschließbar an traditionelle Geschlechtsrollenbilder: „Eine Frau schlägt man nicht." Warum nicht? Schauen wir uns einen alten Kinderreim "Der Besen und die Rute" an:

103

Der Besen, der Besen!
Was macht man damit?
Man kehret die Stuben
Die Rute, die Rute!
Was macht man damit?
Man klopfet die Buben
Warum nicht die Mädchen?
Das wär eine Schand´
Die folgen schon von selber
und spinnen Gewand. [61]

Mädchen zu schlagen ist innerhalb dieser Tradition erst dann
gerechtfertigt, wenn sie eigenmächtig sind und die Folgsam-
keit verweigern und wenn sie die an sie gestellten Normerwar-
tungen nicht erfüllen und aufhören, „Gewand zu spinnen". Folgerichtig haben auch heute noch Frauen*, die durch geschlechtsspezifische Angriffe geschädigt wurden, eine größere
Chance auf juristische Gerechtigkeit, wenn sie (vor Gericht)
dem Bild des „Mädchens" entsprechen, das mit Schwäche, Unschuld und Machtlosigkeit assoziiert ist.

---

[61] in: Macht auf das Tor (1905) Alte deutsche Kinderlieder, herausgegeben von Maria Kühn, Königstein im Taunus, 1905 erstmals er-
schienen, später 1921 und immer wieder neu aufgelegt.

Die Gewalt gegen die Buben

> *„Die fehlende Empörung über körperli-*
> *che Angriffe zwischen und an Männern*
> *ist kein Zufall einer verspäteten sozia-*
> *len Bewegung, sondern verweist da-*
> *rauf, dass die Akzeptanz und Bagatelli-*
> *sierung dieser Gewalt eine bedeut-*
> *same Funktion hat. [...] Die eingeübte*
> *Praxis, Prügel unter Jungen als ‚ganz*
> *normale' Rangeleien und Rangord-*
> *nungskämpfe abzutun, die Gewohn-*
> *heit, Mädchen und Frauen eher als Op-*
> *fer zu sehen, tragen zur sozialen Praxis*
> *der Fortschreibung der traditionellen*
> *Macht- und Geschlechterordnung bei."*
> (Hagemann-White 2005)

Vor allen in Berichten aus Kriegs- und Krisengebieten fällt es auf: Fast immer wird betont, wenn unter den Opfern „Frauen und Kinder" sind. Was ist das für eine Aussage?

Bemerkenswert daran ist, dass „Frauen und Kinder" oft wie eine Kategorie genannt werden, als gäbe es zwischen einer erwachsenen Frau* und einem Kind keinen nennenswerten Unterschied.

Wenn die Benennung des Geschlechts als Hinweis dienen sollte, dass die Opfer *zivile* Opfer seien, bleibt die Frage, warum sollte die Verletzung von zivilen Frauen* besonders hervorgehoben werden gegenüber der Verletzung von zivilen Männern*? Oder gelten *automatisch* alle Männer* als kriegsbeteiligt und alle Frauen* nicht?

Auch auf Demonstrationen gegen kriegerische Einsätze wird die Schändlichkeit von Gewaltakten besonders dadurch hervorzuheben versucht, indem „Frauen und Kinder" als zivile Opfer benannt werden, als träfe die Verantwortlichen eine größere Schuld, wenn die Opfer weiblich sind. Als wäre ein männliches ziviles Opfer weniger schlimm und verdiene weniger Mitgefühl.

Die kanadische Feministin und Politikwissenschaftlerin Krista Hunt hat es als „embedded feminism" bezeichnet, wenn Kriege durch feministische Bezüge legitimiert werden. Andrea Nachtigall[62] schrieb darüber :

> *„Kriege (werden) mit dem Verweis auf bedrohte und zu beschützende Frauen und Kinder – als Symbol für die (eigene) Nation – begründet und geführt. Die Dämonisierung des Feindes als „Vergewaltiger" und „Mörder" von Frauen und Kindern fungiert als Appell und Ansporn zum Kampf für die eigenen Männer, denen es traditionell obliegt, die Nation zu verteidigen. Cynthia Enloe (1990) bezeichnet die stereotype viktimisierende Repräsentation von Frauen in Kriegskontexten auch pointiert als „womenandchildren". [63]*

---

[62] Mehr über Geschlechterbilder im Krieg:
Andrea Nachtigall: „Neue Kriege – neue Geschlechterkonstruktionen? Zur Funktion von Geschlechterbildern in der Berichterstattung über den 11. September und Abu Ghraib" in: Andrea Nachtigall, Birgit zur Nieden, Tobias Pieper (Hrsg.) Gender und Migration, 2004
https://hessen.rosalux.de/fileadmin/rls_uploads/pdfs/Manuskripte/Manuskripte_62.pdf
und: https://opus4.kobv.de/opus4-zmsbw/frontdoor/deliver/index/docId/308/file/23000023.pdf
[63] https://www.linksnet.de/artikel/30867

Diese FrauenundKinder-Formulierungen bedienen die Bilder, Frauen* als wehrlos und unschuldig (und nur dann schützenswert), Männer* hingegen als unverletzbare Kämpfer zu imaginieren. In dieser Polarität sind Männer* potentielle Täter und Frauen* potentielle Opfer. Diese Polarität ist weder feministisch noch realistisch.

Bisher kann Folgendes festgehalten werden:
- *Männliche Kinder und Jugendliche erleben körperliche Gewalt in der Kindheit und Jugend häufiger als Mädchen.*
- *Sie erleben mehr Gewalt in Schulen und durch Gleichaltrige und mehr elterliche körperliche Züchtigung.*
- *Männer erleben mehr Gewalt im öffentlichen Raum.*
- *Männer erleben etwa gleich häufig wie Frauen Gewalt in engen sozialen Beziehungen, Männer mehr durch elterliche und geschwisterliche Gewalt, Frauen mehr in Paarbeziehungen.*
- *Die Gewaltbelastung von Männern während der Wehrdienstzeit ist sehr hoch.*
- *Frauen erleben häufiger als Männer schwere, chronische und bedrohliche körperliche Übergriffe in heterosexuellen Paarbeziehungen.*
- *Sexuelle Gewalt wird mehr von Männern ausgeübt.*
- *Männer und Frauen üben etwa gleich häufig körperliche Gewalt gegen Kinder im Rahmen der elterlichen Erziehung aus.*[64]

[64] Monika Schröttle: Kritische Anmerkungen zur These der Gendersymmetrie bei Gewalt in Paarbeziehungen https://elibrary.utb.de/doi/pdf/10.3224/gender.v2i1.10

Außerdem ist

„davon auszugehen, dass Männern und Jungen in spe-
zifischen institutionellen Zusammenhängen eher Ge-
walt widerfährt. Dazu gehören in verschiedenem Aus-
maß Gefängnis, Krankenhaus, Psychiatrie, Heim und
religiöse Gemeinschaften."[65]

Die brasilianisch-argentinische Anthropologin Rita Segato ist
überzeugt, dass es eine geschlechtsspezifische Gewalt zwischen Männern gibt und *„dass die Gewalt gegen Frauen von*
der Gewalt zwischen Männern herrührt."[66]

Materielle und symbolische Realitäten

Rita Segato analysiert u.a. die systematische Ermordung von
Frauen*durch Paramilitärs, wie sie unter anderem in der mexi-
kanischen Grenzstadt Ciudad Juarez stattfinden.[67] Es sind die
Arten von Grausamkeit, wie sie der IS oder 2023 die Hamas in
Israel ausübte. Es geht ihr dabei nicht um Frauenhass, sondern
sie erkennt in dieser Gewalt eine Botschaft. Es ist die Botschaft
an andere Männer*, an eine andere Gruppe der Macht, an den
Staat, die zur Schau stellen soll: Wir sind es, die die Macht haben, Körper eurer Comunità zu verstümmeln. Wir sind es. die
euer Eigentum, eure Frauen töten können, die ihr nicht zu
schützen in der Lage seid. Wir sind es, die straffrei euer Terri-
torium überfallen und zeigen, wie grausam wir sind.

---

[65]https://www.bmfsfj.de/re-
source/blob/84664/d5410d1a3bcf2a015cc800331beed6d1/maen-
nerstudie-kurzfassung-gewalt-data.pdf
[66] Rita Laura Segato: Wider die Grausamkeit. Für einen feministischen und dekolonialen Weg, 2021, S. 65
[67] Mehr dazu: https://www.medico.de/blog/maschinerie-der-ge-
walt-19408

„Diese Grausamkeit hat keinen Sinn und ist nicht die des klassischen Krieges. Den größten Schrecken kann man verbreiten, wenn man extreme Gewalt an einem unschuldigen Körper vollzieht. Die Gewalt selbst ist eine Botschaft des Besitztums, der Dueñidad, die sagt, dass man fähig ist grausam zu handeln. Deshalb ist für mich der antipatriarchale Kampf der Vektor der Geschichte. [68]

Die Botschaft der Grausamkeit und Machtdemonstration kann nur funktionieren, wenn Angreifer und Gesellschaft die gleichen Vorstellungen von Geschlechterverhältnissen haben, diese „Sprache" also verstehen. Rita Segato spricht von *„unschuldigen"* Körpern, und kommt damit einem Phantasma nahe, das („weibliche") Verletzbarkeit mit Unschuld gleichsetzt. In der polar gedachten Geschlechterordnung steht dem gegenüber die scheinbare Unverletzbarkeit der („männlichen") Körper, die gewaltvoll handeln können. Täter verletzen und töten Frauenkörper*, aber sie meinen das Bild, das sie sich von Frauen* gemacht haben – und werden verstanden?

Der Nachdruck, mit dem Feminist*innen auf die geschlechtsspezifische Gewalt von Männern* aufmerksam machten, war enorm wichtig. Sie realisierten und skandalisierten ihre Alltäglichkeit und Normalität. Sie erforschten, dass diese Gewalt nicht auf ein individuelles Geschehen zwischen zwei Menschen reduziert werden kann, sondern dass sie systemisch und in Macht- und Herrschaftsverhältnisse eingebettet ist. Ich befürchte jedoch, dass das (notwendige) Insistieren auf der Realität von geschlechtsspezifischer Gewalt Geschlechterpolaritäten und -binaritäten eher festschreibt.

---

[68] https://www.medico.de/haeretikerin-des-patriarchats-17529/

Was bedeutet es denn festzustellen, dass es Männer* sind, die Gewalt ausüben, und zwar gegenüber Frauen* (das ist der feministische Gegenstand) als auch gegenüber Männern*? Letzteres rückt jedoch in den feministischen Blick eher dann, wenn es um die Bestätigung der Gewaltbereitschaft von Männern* geht. In den Blick genommen wird dabei weniger, dass Männer* hier in hohem Maße Opfer sind.

Männer*, die verletzt und gedemütigt werden sind, passen in kein patriarchales Bild. Die Gewalt, die sie in Männerbünden, Institutionen und auf der Straße *erleben,* spiegelt kein patriarchales Bild wieder. Vielmehr ist die mächtige patriarchale Botschaft: Männer sind keine Opfer!

Opfer sind Männer* in patriarchaler Lesart nur, wenn sie sich selbst opfern, indem sie andere verletzen und töten und dabei zu Helden werden (oder zumindest sagen können: „Du solltest mal den anderen sehen"), oder um männliche Opfer von weiblichen Täter*innen mit frauenverachtenden Kampfbegriffen zu instrumentalisieren.[69]

Männer werden zu Kriegen verpflichtet, ohne das Recht, eigener Gewaltausübung oder Verletzung zu entgehen oder fliehen zu dürfen – aus der Ukraine und anderswo.

Diese Bild „Männer sind keine Opfer!" halte ich für den stärksten patriarchalen Mythos.

Alle Menschen, alle Feminist*innen, sollten darauf achten, ob und wann sie diesen Mythos reproduzieren. Jede Empörung,

---

[69] Vergl. Rolf Pohl, Männer – das benachteiligte Geschlecht? Weiblichkeitsabwehr und Antifeminismus im Diskurs über die Krise der Männlichkeit: http://www.agpolpsy.de/wp-content/uploads/2010/06/pohl-krise-der-mannlichkeit-vorabdruck-2010.pdf

dass („unsere") Frauen und Kinder verletzt und getötet wurden, geben dem patriarchalen Mythos recht, verstärken ihn.
Rita Laura Segato schreibt :

> *„Es gibt geschlechtsspezifische Gewalt innerhalb der Geschlechter, und das erste Opfer des Mandats der Männlichkeit sind die Männer selbst: verpflichtet, sich ab dem Moment, in dem sie gesellschaftlich agieren, dem korporativen Pakt zu beugen und seinen Regeln und Hierarchien zu gehorchen. Es ist die Familie, die sie darauf vorbereitet. Die Initiation zur Männlichkeit ist ein sehr brutaler Übergang. Die Gewalt wird später in die Welt zurückfließen. Viele Männer verweigern sich heute dem korporativen Pakt und zeichnen damit einen Weg vor, der die Gesellschaft verändern wird. Sie machen es vor allem für sich. Nicht für uns Frauen. Und genauso muss es sein."*[70]

Der Sozialwissenschaftler Hans-Joachim Lenz schreibt in seinem Aufsatz „Mann oder Opfer? Jungen und Männer als Opfer von Gewalt und die kulturelle Verleugnung der männlichen Verletzbarkeit":

> *„Auf dem Hintergrund des Systems der Zweigeschlechtlichkeit in der männlichkeitsdominierten Gesellschaft stellt der Begriff des „männlichen Opfers" ein kulturelles Paradox dar: Entweder gilt jemand als Opfer, oder er ist ein Mann. Beide Begriffe werden als unvereinbar gedacht."*

By the way: Das Markieren von "vulnerablen" Menschen oder Gruppen halte ich in diesem Sinne für falsch. Verletzbar sind

---

[70] Rita Laura Segato: Wider die Grausamkeit. Für einen feministischen und dekolonialen Weg. Seite 22

111

alle Menschen, weil sie Menschen sind, weil Menschen einander brauchen und wir alle voneinander abhängig sind. Wohl gibt es Menschen oder Gruppen, die besonders *gefährdet* sind. Und diese Gefährdung liegt nicht an ihnen, ihrer besonderen Vulnerabilität, sondern an den Menschen und Strukturen in und bei denen sie leben (müssen). Darauf aufmerksam zu machen und bei politischen Entscheidungen zu berücksichtigen, ist notwendig.

Das rassistische Markieren von mutmaßlichen „Tätern" z. B. nach Herkunft wäre hier die andere Seite der Medaille.

Ebenso bin ich nicht glücklich mit der Tendenz, alle Tötungen und Morde an Frauen* als Femizide zu bezeichnen.

Auf Wikipedia sind verschiedene Ansätze dazu nachzulesen:

- In der <u>soziologischen</u> Forschung werden Geschlechterverhältnisse bei Tötungen von Frauen* mit berücksichtigt bei der Analyse unterschiedlicher Fälle und Kontexte mit dem Ziel herauszufinden, wie der gewaltsame Tod von Frauen* verhindert werden kann.

- Im <u>kriminologischen</u> Ansatz geht es um Öffentliche Gesundheitspflege. Hier werden Tötungen von Frauen* in Bezug auf Alter, Ethnie, Staatsbürgerschaft der Opfer und Grad der gesellschaftlichen Gleichstellung untersucht.

- <u>Menschenrechts</u>-bezogen geht es darum, Mitgliedstaaten zu Prävention und rechtlichen Schutz zu bewegen. In diesem Diskurs wird besonders berücksichtigt, dass Taten ungestraft bleiben.

- Der <u>dekoloniale</u> Ansatz analysiert Fälle von Femizid im Kontext von Kolonialherrschaft und sieht darin kein reines <u>Gender</u>-Thema, sondern auch eine politische Frage.

- Lateinamerikanische und karibische feministische Bewegungen benutzen (statt Femizid) den Begriff *Feminizid*, um die Verantwortung des Staates bei patriarchalisch motivierten Taten in den Mittelpunkt zu rücken und die Straflosigkeit hervorzuheben. Sie haben schon 1990 ein Netzwerk gegründet und der erste internationale Vertrag gegen Gewalt gegenüber Frauen (die Konvention von Belém do Pará 1994) wurde auf diesem Kontinent verabschiedet, mehr als 15 Jahre bevor ein ähnlicher Vertrag in Europa verabschiedet wurde.[71] Bei ihren Demonstrationen dominiert der Slogan „Ni Una Más" („Nicht eine mehr").
- Eine feministische Definition von 2001: *„Tötung von Frauen durch Männer, weil sie Frauen sind".*

An dieser letzten Definition gibt es schon Kritik und auch ich finde sie politisch völlig fatal.

„Gewalt gegen Frauen, weil sie Frauen sind"? Ausgeübt von „Männern, weil sie Männer sind?" Diese Aussage erklärt nichts, sondern sie bedient ein patriarchales Bild: Männer können Frauen töten, weil sie es wollen.

Als reiche es, Gewalt zu wollen, um sie ausüben zu können. Doch es gehört mehr dazu, es zu können und es zu tun – und straflos zu bleiben.

EINEN Begriff zu entwickeln, der alle Gewalt gegenüber Personen, die als Frauen* wahrgenommen werden, vereint, macht aus Frauen* wieder eine essenzielle Singularität, die eigentlich überwunden sein müsste. Gewalt, Morde und Tötungen jenseits ihrer jeweiligen Kontexte als Femizide zu beschreiben, macht mir zumindest Unbehagen.

---

[71] Mehr dazu: https://www.goethe.de/ins/es/de/kul/sup/fem/22233935.html

Mich interessiert vielmehr, welche Bedingungen Gewalt erzeugen, ermöglichen, dulden, fordern, entschulden. [72] Und dazu ist es sinnvoll, jede Gewalt geschlechtsbezogen (nicht nur auf weiblich gelesene Opfer bezogen) zu analysieren, ohne sie zu instrumentalisieren.

Ich sehe mittlerweile die große (feministische?) Herausforderung darin, wie es gelingen kann, strukturelle Gewalt- und Herrschaftsverhältnisse zu benennen, ohne symbolische Geschlechtsrollenstereotype zu bedienen und damit die Verhältnisse zu nähren, die bekämpft werden müssen.
Fast scheint es mir unmöglich.

Was ist Gewalt

Viele Feminist*innen legen großen Wert darauf, mit dem Gewaltbegriff auch strukturelle zu Gewalt erfassen. Wenn wir das tun ist es hilfreich, genauer zu unterscheiden, worüber wir sprechen.
Gewaltsituationen: Hier haben wir es mit Täter*innen und Opfern zu tun, die in einer zeitlich umgrenzten Situation Gewalt ausüben bzw. Gewalt erleiden. Egal was der Gewalthandlung vorausgegangen ist, trägt derjenige, der Gewalt ausübt, für seine Handlung die alleinige Verantwortung.
Machtverhältnisse: Hier haben wir es mit einem komplexen, vielschichtigen System der Regelungen und Übereinkünfte des Zusammenlebens zu tun, wo Macht und Autoritäten gegenseitig geduldet, legitimiert und getragen sind. Die einfache

---

[72] vergl. „Ein Erlebnis absoluter Macht" in https://www.zeit.de/zeit-geschichte/2011/02/Wehrmachtsoldaten-Interview-Heer-Welzer/komplettansicht

Polarität in Opfer / Täter*n greift hier nicht, sondern es müssen differenziertere Analysen von Verantwortung Raum bekommen. Christina Thürmer Rohr schreibt dazu:

> *„Gewalt ist keine Steigerung von Macht. Der Täter übt nicht Macht aus, sondern Gewalt. Das Opfer ist nicht Opfer von Macht, sondern von Gewalt.*
> *Wenn man von Macht spricht, ist immer ein Verhältnis mitgemeint, ein Ensemble von Agierenden und Mitagierenden, die direkt oder indirekt gemeinsam handeln und aufeinander angewiesen sind. Das Wort Macht hat in der Beschreibung sexueller Gewalt nichts zu suchen, denn Macht spricht ein Verhältnis an, das im Fall der Vergewaltigung gerade restlos aufgekündigt ist. Der Gewalttäter hat, weil er Gewalt ausübt, jede Macht verloren."* [73]

Herrschaftsverhältnisse: Hier geht es um gewaltvoll durchgesetzte eindeutige Interessen auf der Seite der Herrschaftsausübung. Ein solches gewaltherrschaftliches System ist nicht auf die Zustimmung einer Mehrheit oder einer Interessengemeinschaft angewiesen, solange es über entsprechende Gewaltmittel verfügt.

Oder anders gesagt: Was Menschen tun, wie sie handeln, ob sie letztlich zuschlagen, verletzen, schießen, auf den todbringenden Knopf drücken – oder eben nicht, haben sie alleine zu verantworten. Die Strukturen, die solches Handeln fordern, ermöglichen, schützen, tolerieren, haben wir alle zu verantworten.

---

[73] Fremdheiten und Freundschaften S. 171

115

Ich fand es erhellend, wie sich Jan Philipp Reemtsma dem Thema Gewalt nähert.[74] Er unterscheidet verschiedene Gewaltarten:

1. **loszierende** Gewalt. Hier ist der Körper verfügbare Masse, Hindernis oder Werkzeug, vorzustellen bei militärischer oder krimineller Gewalt. Es herrscht eher ein Desinteresse am Körper selbst.

2. **raptive** Gewalt. Hier geht es um den Körper, darum, ihn zu benutzen, um sexuelle und sexualisierte Gewalt.

3. **autotelische** Gewalt. Hier geht es um Gewalt an sich, um reinen Selbstzweck. Beschädigung / Zerstörung des Körpers, um Folter, um brachiales Interesse am Körper, um Reduktion auf den Körper, um allergrößte Machtdemonstration – über Leben und Tod.

Natürlich gibt es Überschneidungen, vor allem in Kriegen, wo wir alle Formen finden können.

Besonders was er zur autotelischen Gewalt schreibt, finde ich bedeutsam:

Sie ziele auf die Zerstörung der Integrität des Körpers. Es sei die Gewalt,

> *„die uns am meisten verstört, die sich dem Verständnis, auch den Erklärungen weitestgehend zu entziehen scheint. ...Unsere Kultur hat gravierende Probleme, mit dem Phänomen der autotelischen Gewalt umzugehen... weshalb wir sie, auch theoretisch, nicht wahrzunehmen versuchen. Sie hat – bei uns – keinen kulturellen Ort.“*

So scheint es außer Entsetzen und dem großen Fragezeichen, wie so etwas in unserer Zeit noch geschehen könne, keinen

---

[74] Jan Philipp Reemtsma: „Vertrauen und Gewalt. 2008, S. 106 ff

ernsthaften Umgang damit zu geben. Reemtsma nennt das „verrätseln" und meint damit, Offensichtliches nicht wahrnehmen zu wollen. Für ihn ist offensichtlich:

- Menschen haben die Fähigkeit zu Grausamkeit und Vernichtung anderer Menschen.

- Wenn Orte oder Zeiträume geschaffen werden, wo es erlaubt ist, Gewalt um der Gewalt willen (autotelische Gewalt) auszuüben, geschieht das auch.

Ja, sie geschieht. Heute.

Das Patriarchat?

Die ersehnte Veränderung, die (weltweite) Reduzierung geschlechtsspezifischer Gewalt ist vielleicht deshalb nicht nachhaltig gelungen, weil es dabei um strukturelle Veränderungen gehen müsste, die mehr in den Blick nehmen als das Geschlechterverhältnis. Strukturelle Veränderungen, die über die notwendige Bereitstellung von Unterstützungsangeboten für Frauen* und wichtige gesetzliche Regelungen hinausgehen. Strukturelle Veränderungen, die die Verwobenheit von geschlechtsspezifischer Gewalt mit anderen Gewalt- und Ausbeutungsverhältnissen mitdenken, ohne diese in ihrer Unterschiedlichkeit zu nivellieren.

Damit meine ich z. B. ein ökonomisches Nord/Süd-West/Ost-Gefälle, die Landnahme transnationaler Konzerne im Süden, Privatisierung und Ressourcenaneignung öffentlicher Güter, Exportfreihandelszonen, häusliche Dienstleistungs-Ausbeutungsverhältnisse, eine Dominanz westlicher Finanzagenturen, koloniale Erbschaften und neokoloniale Strukturen, rassistische, homophobe, trans*phobe und klassenspezifische Ausgrenzungen.

Es gibt also Gewaltverhältnisse, in die jede:r verstrickt ist, weil es ökonomische und wirtschaftliche Strukturen sind, die wir mittragen, weil wir in ihnen leben. Und die Trennlinie verläuft dann mitunter nicht mehr so sauber zwischen den Geschlechtern, sondern mitten durch unseren Alltag und unsere Herzen.

Der feministische Ansatz (und akademische Diskurs) zu „Intersektionalität"[75] möchte genau das berücksichtigen. Intersektionalität verstehe ich so, dass Menschen auf mehreren Ebenen von Diskriminierungen betroffen sein können und dass sie auch gleichzeitig Diskriminierungen ausüben oder davon profitieren können. Dabei sollen sowohl komplexe Zusammenhänge als auch historische Hintergründe wahrgenommen und analysiert werden.

Dies ist ein anspruchsvoller politischer Ansatz, und seine praktische Umsetzung erfordert von Menschen ein hohes Maß an Ambiguitätstoleranz[76], d. h. der Fähigkeit, Mehrdeutigkeiten und Widersprüchlichkeiten aushalten zu können. Diese Fähigkeit hilft uns, auch in unsicheren und irritierenden Situationen mit anderen Menschen offen, freundlich und handlungsfähig zu bleiben. Sie hilft, sich selbst und anderen gegenüber tolerant zu sein, Fehler nicht zu fürchten und sich nicht von

---

[75] Vor allem Schwarze US-Feminist*innen hatten auf das Phänomen der Mehrfachdiskriminierung hingewiesen, der Begriff Intersektionalität wurde dafür erstmalig von der Juristin und Professorin Kimberlé Crenshaw benutzt .

[76]1949 formulierte die Psychologin Else Frenkel-Brunswik dieses Persönlichkeitsmerkmal. Sie wurde 1908 im Lemberg (Österreich-Ungarn) geboren und emigrierte 1938 vor den Nationalsozialisten in die USA.

einfachen Antworten und der Vorstellung, „auf der richtigen Seite" zu stehen, verführen zu lassen.

Oriel FeldmanHall, eine us-amerikanische Psychologieprofessorin forscht zu Ambiguitätstoleranz und stellt fest, dass Menschen, die fähig sind, Ambiguität zu tolerieren, eher anderen ihr Vertrauen schenken und kooperativ sind.[77]

Ich finde, das macht Sinn und ist auch deshalb interessant, weil ich es für einen wesentlichen Faktor der Resilienz halte, nicht nur eine Seite der Realität wahrzunehmen. Durch globale Medien sind wir mit vielen Nachrichten von Gefahren, Krisen- und Kriegsgebieten konfrontiert. Wir befinden uns in einer Situation von Zeug*innenschaft. Das Wissen um die Gewalt, die damit verbunden ist und von der wir Teil sein können, erschüttert uns. Wollen wir weiter auch politisch handlungsfähig bleiben, brauchen wir die Fähigkeit, auch die Widerständigkeiten, Schönheiten, die guten Orte und den Zauber des Lebens wahrzunehmen, ohne die anderen Realitäten leugnen zu müssen. Es ist so wie ein Jonglieren, gleichzeitig mit den Themen zu spielen, für die es keine Lösung gibt außer der, in Bewegung zu bleiben.

Aaron Antonovsky hat in seiner Arbeit zu Gesundheit und Wohlbefinden („Salutogenese") hervorgehoben, dass wir folgendes brauchen, damit es uns gut geht:

- das Gefühl, die Welt zu verstehen
- das Gefühl, das eigene Leben handhabbar zu bewältigen
- das Gefühl bedeutsam zu sein und Sinn im Leben zu finden.

---

[77] https://www.deutschlandfunkkultur.de/ambiguitaetstoleranz-lernen-mit-mehrdeutigkeit-zu-leben-100.html

Alle drei Faktoren sind aktuell bei vielen Menschen erschüttert.

Um die Welt zu verstehen ist es oft sinnvoll, die jeweiligen Hintergründe und Zusammenhänge mit in den Blick zu nehmen, also die Kontexte zu berücksichtigen, bevor wir urteilen. Bei Gewalt und vor allem bei Kriegen geht diese Fähigkeit oft verloren; dann steht jeder kontextuelle Hinweis im Verdacht der Relativierung. Die Notwendigkeit, Kontexte mitzudenken kann Menschen überfordern. Je größer unsere Welt wird, d. h. je mehr wir erfahren können und uns bewusst machen können, was alles auf der Welt geschieht, desto schwerer kann es sich anfühlen, uns in den Komplexitäten irgendwie zu verorten, zu verbinden und zu verbünden, ohne einfachen Antworten aufzusitzen.

Vielleicht bietet auch der Bezug auf „das Patriarchat" keine oder zu einfache Lösungen an?

Es ist verführerisch zu denken, in einer Demokratie könnten wir gewaltfrei leben, weil der Staat das Gewaltmonopol hat. Dabei war die staatliche Gewalt der wesentliche Anlass, die Menschen- und Bürgerrechte zu formulieren, also einen gewissen Grad an Schutzrechten vor staatlicher Willkür zu etablieren. Die Gewalt jedoch, wie sie in unseren Institutionen stattfindet, in Kirche, Polizei, Militär, Justiz, Sport, Heimen, Familien, bleibt oft unsichtbar, weil sie zwischen legalisierter (verrechtlichter) und illegitimer (willkürlicher) Gewaltausübung changiert. In den letzten Jahren sind einige dieser Gewaltverhältnisse öffentlich geworden. Feminist*innen haben in ihrem Engagement gesellschaftliche Sensibilisierungen erreicht. Der schnelle Kuss auf den Mund einer siegenden Sportlerin durch den Verbandschef wäre ohne eine sensibilisierte Öffentlichkeit nicht als grenzverletzendes Verhalten wahrgenommen worden, sondern weiterhin als Normalität geduldet.

Mein Anliegen, dem Mythos „Männer sind keine Opfer" zu widersprechen, soll keine Verantwortungen verschieben. Die Gewalt gegen Männer* wird mehrheitlich von Männern* ausgeübt. Wenn aber der Versuch, geschlechtsspezifische Gewalt zu reduzieren, sich auf die Gewalt gegenüber Frauen* begrenzt, kann der patriarchalen Logik kein Einhalt geboten werden.

Allerdings kann es nicht primäre Aufgabe von Frauen* sein, sich der vergeschlechtlichten Gewalt von Männern* gegenüber Männern* zuzuwenden. Diesen Job müssen Männer* selbst übernehmen. Und damit meine ich nicht, Frauen*hilfestrukturen wir z. B. Frauen*häuser einfach auf Männer* zu übertragen und „Männerhäuser" zu etablieren, sondern sich schon die Mühe zu machen, eigene geschlechtsspezifische Angebote zu entwickeln, sich politisch und persönlich für andere Männer*bilder einzusetzen und Formen der Vermittlung zu finden. Dies könnte ein Weg dahin sein, dass Männer* Verantwortung für ihre gewalttätigen Handlungen übernehmen. Dies böte auch die Chance, dass sich Männer* nicht über Sexismus gegenüber Frauen* selbst stabilisieren und dass die Dynamiken von Kriegen in Frage gestellt würden.

Was also tun?

Damit rechnen, dass wir Gewalt erleben und ausüben können. Anerkennen, dass die Fähigkeit zur Gewalt und die Verletzbarkeit zu unserer menschlichen Existenz gehören.

Individuell könnte das bedeuten: Wenn wir nicht verletzt werden wollen, können wir uns nicht gut einlassen auf andere Menschen. Gesellschaftlich könnte das bedeuten, dafür Sorge zu tragen, vor Verletzungen zu schützen.

Sich zu vergegenwärtigen, dass wir *alle* verletzlich sind, könnte uns sensibler füreinander machen und das Herz öffnen für Mitgefühl, könnte Verbindungen schaffen und Nähe herstellen zwischen ganz unterschiedlichen Menschen, könnte unsere Fähigkeit zum Trösten ausbilden. Es könnte helfen, die individuelle Scham zu reduzieren und Menschen mutiger zu machen, ihre Verletzungen zu offenbaren. Es könnte uns freundlicher mit uns selbst und mit anderen machen, wenn wir Leid verursachen und uns ermöglichen, Verantwortung dafür zu übernehmen, ohne uns hinter Schuld- und Schamgefühlen zu verbergen. Wir könnten Leid anerkennen, ohne es zu verherrlichen und Leid vermeiden, ohne es zu negieren.

Es könnte unseren Blick füreinander schärfen, es könnte Glaubwürdigkeit von Berichten über Gewalt erhöhen, es könnte uns aufmerksam und mutig machen und weniger verführbar, die Welt und die Menschen in gut und böse aufzuteilen. Wir hätten vielleicht mehr innere Kapazitäten, Spannungen auszuhalten und müssten weniger Anteile in uns selbst abspalten oder auf andere projizieren. Vielleicht wären wir weniger verführbar für einfache Versprechungen narzisstischer Politiker*innen. Auch Männer* dürften vor Kriegen flüchten.[78]

---

[78] Zu Geschlechterbildern im Krieg lesenswert:
Andrea Nachtigall: „Neue Kriege – neue Geschlechterkonstruktionen?
Zur Funktion von Geschlechterbildern in der Berichterstattung über den 11. September und Abu Ghraib"

Da es keinen per Definition sicheren Ort gibt, braucht es immer aufmerksame und mutige Menschen, die sich für ein menschenwürdiges Zusammenleben einsetzen.

Wir könnten über andere ökonomische Modelle, über alternative Lebens-, Arbeits-, und Kindererziehungsmodelle, über Nachbarschaftsstrukturen, über Räume sozialen solidarischen Lebens, über gesellschaftliche Gerechtigkeit und Teilhabe, über den Wert von Freund*innenschaften, über lustvolle Sexualität und sexuelle Selbstbestimmung sprechen.

Die Ehe- und Familiengesetze wären als Hilfsinstrumente männlicher Gewalt zu hinterfragen.

Es braucht vor allem herrschaftsfreie Räume, in denen Menschen das geschlechtsoffene Miteinander und das bessere Leben für alle zum Thema machen können.

Auf (partei-) politischer Ebene Friedens- und Diplomatiefähigkeiten nicht verloren zu geben, sondern einzuüben wäre ein weiterer Baustein dafür, geschlechtsspezifischer Gewalt den Boden zu entziehen.

Also: „Wir müssen reden!"

in: Andrea Nachtigall, Birgit zur Nieden, Tobias Pieper (Hrsg.) Gender und Migration.2004
https://hessen.rosalux.de/fileadmin/rls_uploads/pdfs/Manuskripte/Manuskripte_62.pdf

DEN BOGEN SPANNEN

Gesellschaftliche Streiflichter psychischer Gesundheiten

„Die aus der Erschöpfung entstehende
Sehnsucht nach Erholung scheint mir
ein sehr guter Ansatzpunkt für eine
feministische Revolution, eine von der Re-
Produktionsarbeit ausgehende Revolution,
eine Revolution für das Leben."[79]
Eva von Redecker in ihrem Aufsatz
„Die Hoffnung liegt in der Erschöpfung"

Therapie und Beratung anzubieten bedeutet immer auch, sich auseinanderzusetzen mit der Welt der Medizin. Ich möchte nun einen Bogen spannen zwischen frühen Vorstellungen und aktuellen Anforderungen („weiblicher") psychischer Gesundheiten. Gesundheit im Plural zu nennen mag irritieren, aber es gibt keinen statischen Zustand von Gesundheit, sondern wir haben es mit einer dynamischen Bandbreite zu tun, weil so viele subjektive und objektive Umstände dabei eine Rolle spielen.

Die Weltgesundheitsorganisation (WHO) beispielsweise definiert Gesundheit sehr weitreichend:

---

[79] https://www.medico.de/blog/die-hoffnung-liegt-in-der-erschoep-fung-18568

„Die Gesundheit ist ein Zustand des vollständigen kör-
perlichen, geistigen und sozialen Wohlbefindens und
nicht nur das Fehlen von Krankheit oder Gebrechen."[80]
Und in der Ottawa-Charta[81] wurden 1986 unter anderem folgende Ziele formuliert:

„Um ein umfassendes körperliches, seelisches und sozi-
ales Wohlbefinden zu erlangen, ist es notwendig, dass
sowohl einzelne als auch Gruppen ihre Bedürfnisse be-
friedigen, ihre Wünsche und Hoffnungen wahrnehmen
und verwirklichen sowie ihre Umwelt meistern bzw.
verändern können…. Grundlegende Bedingungen und
konstituierende Momente von Gesundheit sind Frie-
den, angemessene Wohnbedingungen, Bildung, Ernäh-
rung, Einkommen, ein stabiles Öko-System, eine sorg-
fältige Verwendung vorhandener Naturressourcen, so-
ziale Gerechtigkeit und Chancengleichheit….
Gesundheitsförderung schafft sichere, anregende, be-
friedigende und angenehme Arbeits- und Lebensbedin-
gungen."[82]

Fast klingt es zynisch, das heute zu lesen.
Deutlich wird aber, dass gesundheitliches Handeln innerhalb
gesellschaftlicher Strukturen stattfindet, die historisch gewachsen sind und sich kontinuierlich verändern. In diesem Kapitel möchte ich fragen, wie sich emanzipatorisches Handeln
zu diesen Strukturen in ein Verhältnis setzt: Es geht um weibliche* Psyche im geschichtlichen Kontext, um Bilder von
Frauen* und Frauen*krankheiten, um kritisches Nachdenken

---

[80] Verfassung der Weltgesundheitsorganisation 0.810.1
[81] Sie wurde 1986 von der ersten Internationalen Konferenz zur Gesundheitsförderung verabschiedet
[82] https://iris.who.int/bitstream/handle/10665/349654/WHO-
EURO-1986-4044-43803-61669-ger.pdf?sequence=1&isAllowed=y

über Diagnosen, um die Bedeutung von Messinstrumenten im Dienstleistungssektor.

„Die spinnt doch!"

Im *frühen* Mittelalter waren Frauen* in der Heilkunde dominierend. In den Städten gab es Ärzt*innen; die Krankenversorgung auf dem Land wurde von Frauen* geleistet, die Geburtenkontrolle, Hebammendienste und heilkundliches Erfahrungswissen in ihrer Hand hielten. Heilkundige Frauen* gehörten zu denen, die später als Hexen verfolgt wurden. Die kirchliche Inquisition eignete sich die Definitionsmacht an zu entscheiden, was richtig und falsch, liederlich oder sittsam, von Gott oder vom Teufel ist.

Diese Definitionsmacht wurde abgelöst von der Definitionsmacht der Ärzte über psychische Gesundheit und Krankheit. Die Machttechniken, die in der Inquisition zur Anwendung kamen, finden sich in den Anfängen der Psychiatrie wieder. Das gemeinsame der beiden Institutionen war der Versuch, sich über ein jeweiliges Theoriesystem zu Unschuld/Sünde/Normalität/Krankheit ein legitimiertes Rechts- und Handlungsgebäude zu schaffen, das sich als Expertenwissen quasi selbst bewies und von außen schwer anzugreifen war.

Wurde eine Frau* des Wahnsinns befunden, konnte sie in Internierungshäusern zur Arbeit gezwungen werden. Straftäter*innen, Arme und „Irre" trafen sich zur Zwangsarbeit in den Spinnhäusern. Vor allem Wolle wurde hier gesponnen, weil in dem Bereich der größte Arbeitskräftemangel herrschte. „Die spinnt" wurde so von einer reinen Tätigkeitsbeschreibung zur abwertenden Definition eines Geisteszustandes (von Frauen*).

In der Salpêtrière, einem Pariser Hospital, Hospiz und Gefängnis, waren alle diejenigen weggesperrt, die man nicht auf der Straße haben wollte: Bettler*innen, körperlich eingeschränkte Menschen, Waisen, Homosexuelle, Strafgefangene, Prostituierte, Geschlechtskranke, Ungläubige und sogenannte Geisteskranke. Über 4000 Frauen* waren in der Klinik interniert. "Weibliche Hölle" sollen die Pariser*innen die Salpêtrière, genannt haben. Die Todesrate war hoch.[83]

Ab 1870 ließ der Pathologe und Neurologe Charcot dort Photolabore einrichten, um die „Frauenkrankheit Hysterie" zu dokumentieren. Vor einem männlichen Auditorium führte er „seine" Patient*innen vor, die für ihn den Beweis antreten sollten, dass sich Hysterie neurophysiologisch begründen ließ, denn die Symptome der Hysteriker*innen stellten die bisherigen medizinisch-naturgesetzlichen Denkmuster in Frage. Für seine Vorführungen vor dem schaulustigen Publikum benutzte er Rauschmittel, Körperkontakt, Stromstöße oder Faustschläge um Anfälle auszulösen oder zu beenden. Charcot dirigierte und dokumentierte. Christina von Braun, Filmemacherin und Kulturwissenschaftlerin, schrieb dazu:

> *„Die Photos der Hysterikerinnen, die dort entstehen, zirkulieren durch ganz Europa und erregen großes Aufsehen. Sie werden als ‚Abbildungen' der Realität betrachtet, als Dokumente eines ‚echten' Symptoms, des ‚wahren Körpers'. Diese Photos trugen dazu bei, die Hysterie zu ‚rehabilitieren', sie von ihrem Ruf der Simulation und ‚Lüge' zu befreien. ... Die ‚Echtheit' wird*

---

[83] Georges Didi-Huberman, Erfindung der Hysterie. Die photographische Klinik von Jean-Martin Charcot. Aus dem Französischen übersetzt und mit einem Nachwort von Silvia Henke, Martin Stingelin und Hubert Thüring, München 1997, S. 22

durch die realistische Bildtechnik der soeben erfunde-
nen Photographie belegt. ... In Wirklichkeit sind aber
ein Gutteil der Photos, die in der Salpêtrière entstehen,
gestellt. Zum Teil aus technischen Gründen: ... die Be-
lichtungszeit ist noch zu lang, ... Zum Teil aber auch aus
ideologischen Gründen: photographiert wird nur, was
den Lehren des Meisters entspricht. Ich bin ‚nur der
Photograph', sagt Charcot, aber was ‚echte' Symptome
sind, bestimmt er. "[84]

Christina von Braun sah in den unberechenbaren und unerklär-
lichen Symptomen der Hysteriker*in einen aufbegehrenden
Ausdruck, um der Vorherrschaft des logisch-naturwissen-
schaftlichen Prinzips etwas entgegenzusetzen: Die Hysteriker*in inszeniere, übertreibe die „weiblichen" Zuschreibungen, bleibe so Regisseurin ihres Körpers, spiele den Part Frau.
Von Braun schlug einen ideengeschichtlichen Bogen von der
Hysterie zur Magersucht. Auch hier richtete sie ihren Blick auf
die Magersucht als Widerstandsform. Der reale Körper, der
sich konfrontiert sähe mit vielfältigsten Bildern, wie Frau* definiert wird, ziehe es vor, zu verschwinden. Die Anorektiker*in
weigere sich, zum Kunstprodukt Frau* zu werden und entziehe
sich der Entfremdung und Objektwerdung des weiblichen Körpers. Diese Interpretation sah in der Magersucht einen ver-
zweifelten Versuch, sich die enormen Fremdzuschreibungen
von Frauenrollen vom Leibe zu halten und mit Macht das „Ich"
zu schützen, auch um den Preis des Todes. So gesehen waren
die Werbefotos mit magersüchtigen Models nicht die Ursache
von Magersucht, sondern Zeichen einer Bildermacht, in der

---

[84] Christina von Braun, NICHT ICH. Logik-Lüge-Libido. Verlag Neue
Kritik 1989, S. 447 ff

jede reale Frau* - in Konkurrenz zur immer perfekter selbstop-
timierten Kunst-Frau - gnadenlos unterlegen scheint.
Dem gegenüber brauchen Menschen soziale/gesellschaftliche
Handlungsmacht und Perspektive, Selbstbestimmung, Anerkennung und Respekt. Der Bezug zur Welt mit realen Körpern
sollte neben den virtuellen Realitäten nicht verlorengehen,
sondern noch mit allen Sinnen erfahrbar sein können.

Gesundheit als Pflicht im Nationalsozialismus

„Gesundheit ist Pflicht!" Das war der Titel eines Wegweisers
über gesunde Lebensgestaltung im Nationalsozialismus (NS).
Die nationalsozialistische Hausfrau und Mutter spielte hier
eine große Rolle als *„wichtigste, beste und billigste Gesund-
heitsbeamtin des Staates."*[85]
Hauswirtschaft wurde als Teil der Volkswirtschaft gesehen und
es war eine einheimische, jahreszeitliche und gesunde Küche
gefordert. Als gesund galt fleischarme, naturbelassene, einfache und billige Kost. Gesundheit war kein Selbstzweck, sondern diente der Leistungsfähigkeit im biologisch definierten
„Volkskörper". Menschen mit bestimmten Erkrankungen (z. B.
Tbc) galten als „asozial" oder „kriminell" und waren von der
Auslese- und Vernichtungspolitik des NS besonders betroffen.
Jeder soziale Gedanke eines menschenfreundlichen Miteinan-
ders, jeder sozialmedizinische Aspekt, wurde in dieser biologis-
tischen Denkweise aufgelöst. Frauen* waren wesentliche
Empfänger*innen und Vermittler*innen dieser Gesundheits-

---

[85] Zitiert nach 85 „Volk & Gesundheit. Heilen und Vernichten im Nationalsozialismus" Begleitbuch zur gleichnamigen Ausstellung im
Ludwig-Uhland-Institut für Empirische Kulturwissenschaft der Universität Tübingen S. 101

Ideologie. NS-Frauen*organisationen waren durchaus attraktiv. Sie waren Staat im Staate, organisatorisch relativ unabhängig von männlich geprägten Organisationen und sie boten Aufstiegschancen.

Zwangssterilisierung, Zwangsabtreibung, Heiratsverbote und Tod drohte jedoch Frauen*, die als „erbkrank und asozial" kategorisiert wurden. In diesem Sinne waren alle die gefährdet, die der nationalsozialistischen Norm nicht entsprachen: Geistig beeinträchtigte, körperlich gehandicapte Menschen, Jüd*innen, Sinti, Roma, Ostarbeiter*innen, Sozialist*innen, Kommunist*innen, Prostituierte, Homosexuelle.[86]

Als „psychisch krank" definierte Menschen, vor allem diejenigen, die als schizophren, als manisch-depressiv oder als chronische Alkoholiker*innen diagnostiziert wurden, wurden unter dem Programm „Vernichtung lebensunwerten Lebens" umgebracht. Das konnte nur mit Hilfe von Ärzt*innen und Hebammen, Leitungen von Krankenanstalten und psychiatrischen Kliniken geschehen, die die Personen meldeten und die dann von anderen Ärzt*innen „begutachtet" und getötet wurden. Die Todeskammern in den Heil- und Pflegeanstalten waren auf die gleiche Weise wie später die Gaskammern in Ausschwitz als Dusch- und Baderäume getarnt, schrieb Hannah Arendt.[87] Unter der Ärzt*innenschaft gab es (wenige) Menschen, die sich dieser Politik widersetzten. In dem Band „Volk & Gesundheit. Heilen und Vernichten im Nationalsozialismus"[88] werden

---

[86] https://www.bpb.de/themen/politisches-system/politik-einfach-fuer-alle/508035/die-nationalsozialistischen-morde-an-kranken-und-beeintraechtigten-menschen/

[87] Hannah Arendt. Eichmann in Jerusalem. Ein Bericht von der Banalität des Bösen. Piper Verlag. 1964, S. 198

[88] „Volk & Gesundheit. Heilen und Vernichten im Nationalsozialismus. Begleitbuch zur gleichnamigen Ausstellung im Ludwig-Uhland-

einige namentlich gewürdigt. Die Ermordung eines Teils der Menschen wurde in der nationalsozialistischen Zentraldienststelle in der Tiergartenstraße 4 („Aktion T4") in Berlin geplant. Die Euthanasieprogramme waren ideelle, technische und personelle Vorläufer der industriell organisierten Ermordung von Millionen Menschen.[89]

In «Mein Kampf» beschrieb Adolf Hitler 1925/27 jüdische Menschen als Krankheitserreger oder Tiere. Eine solche Rhetorik diente der Entmenschlichung von Verfolgten und ist auch heute ernstzunehmender Ausdruck vom Willen zur Vernichtung.[90]

So wurde Gesundheit im Nationalsozialismus zur umfassenden Existenzfrage und den Ausspruch „Hauptsache gesund" kann ich, seitdem ich mich mit diesen Zusammenhängen beschäftigt habe, nur noch mit Unbehagen hören. Die Formulierung, dass der Tod eines Menschen als „Erlösung" empfunden werden kann, erschreckt mich im Wissen, dass die NS-Euthanasieprogramme ihr Handeln mit diesem Begriff zu rechtfertigen suchten.

Die Erziehung zur Mitleidslosigkeit gegenüber jenen, die als nicht dazugehörig betrachtet wurden, mag ein Grund sein, warum Margarete und Alexander Mitscherlich nach dem Krieg die Unfähigkeit zu trauern in Deutschland beobachteten.[91]

Institut für Empirische Kulturwissenschaft der Universität Tübingen". Hg: Projektgruppe „Volk und Gesundheit". Tübinger Vereinigung für Volkskunde e.V. 1982. Sehr informativ und lesenswert.

[89] https://www.aerzteblatt.de/archiv/38807/NS-Euthanasie-Vom-Wahn-zur-Wirklichkeit

[90] https://www.gra.ch/bildung/glossar/ungeziefer/

[91] Margarete und Alexander Mitscherlich: Die Unfähigkeit zu trauern: Grundlagen kollektiven Verhaltens, 1967

Bemerkenswert war dabei die Rolle der Mütter im Nationalsozialismus. Der Wunsch nach Kindern wurde hier zur Pflicht. Johanna Harer, eine nationalsozialistische Ärztin, Schriftstellerin und fünffache Mutter schrieb das Buch „Die deutsche Mutter und ihr erstes Kind". Dieses Buch war Ausbildungslektüre für Kindergärtnerinnen und Pflichtlektüre jeder Mutter und fand enorme Verbreitung auch nach 1945. Es beschrieb eine Erziehung, ja Dressur, die absichtsvoll Bindungs- und Beziehungsfähigkeit des Kindes zerstören sollte. Die Mutter wurde mit verschiedenen Techniken angewiesen, keine wirkliche Bindung zu dem Kind aufzubauen. Sabine Bode hat in ihrem Buch „Die vergessene Generation" anschaulich beschrieben, wie sich diese Erziehung auf die Kinder und Kindeskinder auswirkt.[92]

Frauen – das verrückte Geschlecht?

1974 schrieb Phyllis Chesler das Buch „Frauen - das verrückte Geschlecht?"; darin wurden Annahmen über seelische Gesundheit untersucht. Psychiater*innen, Psycholog*innen und Sozialarbeiter*innen wurden zu ihren Annahmen über gesunde Männer, gesunde Frauen und gesunde Erwachsene befragt. Das Ergebnis war: Ihre Vorstellungen vom gesunden Mann und vom gesunden Erwachsenen waren relativ identisch. Ihre Vorstellungen von der gesunden Frau jedoch unterschieden sich von beiden anderen Kategorien. [93] Dieser

---

[92] Sabine Bode „Die vergessene Generation" Piper 2005, S. 151 ff
[93] Sie vertraten überwiegend die Ansicht, gesunde Frauen neigten im Gegensatz zu gesunden Männern zu Unterordnung, seien weniger unabhängig, weniger abenteuerlustig, leichter zu beeinflussen, weniger aggressiv, weniger dem Konkurrenzkampf zugeneigt, leichter erregbar bei kleineren Krisen, leichter gekränkt, emotionaler,

Doppelstandard seelischer Gesundheit machte deutlich, dass Frauen quasi die Wahl hatten, entweder als gesunde Frauen, aber kranke Menschen zu gelten, oder aber als gesunde Menschen, aber kranke Frauen.[94] Ein Dilemma.

So hat sich Ende der 70er Jahre eine „feministische Therapie" aufgemacht, diesen Doppelstandard zu kritisieren und begonnen, ein Gegengewicht zur herkömmlichen Psychotherapie zu etablieren. Sie hat Therapiemethoden unter geschlechtsspezifischen Blickwinkeln kritisch beleuchtet und in der Psychotherapie ein Frauenbild vertreten, dass nicht vom Defekt und Mangel bestimmt war, sondern von Selbstbestimmung und Empowerment und sie baute auf kollektive, kontextorientierte und systemkritische Ansätze.[95]

Während frühere Feminist*innen sich gegen ihre Reduzierung auf die berühmten drei K's: „Kinder, Küche, Kirche" bzw. später „Kinder Küche Karriere" zur Wehr setzten, haben sie sich heute mit anderen Frauen*bildern auseinanderzusetzen. Der Anpassungsdruck, Erwartungen zu entsprechen, ist nicht unbedingt kleiner, aber vielfältiger geworden.

Die idealtypische „Frau von heute" wäre folgendermaßen zu charakterisieren:

---

eitler in Bezug auf ihr Aussehen, weniger objektiv und weniger an Mathematik und Naturwissenschaft interessiert.

[94] Und heute? „Im Bericht der British Medical Association über den Zusammenhang von Essstörungen, Körperbildern und Medien wird festgestellt, dass das gesellschaftlich erwartete Streben nach Perfektion Mädchen gesundheitlich beeinträchtigt und dass ‚das Erreichen und Aufrechterhalten einer weiblichen Identität die psychische Verfassung von Frauen doppelt gefährdet.'" Bettina Zehetner: Krankheit und Geschlecht, 2012, S. 162

[95] Siehe Kapitel „Autonome Frauenberatungsstellen"

Sie hat ein gut durchgeplantes Leben, ein funktionierendes persönliches Gesundheitsmanagement, sie ist schlank, *weiß*, jung oder zumindest „junggeblieben" und verfügt über eine ausgewogene Work-Life-Balance. Sie wird passgenau zwischen Karriere und persönlicher Freiheit schwanger, plant bedacht ihre Geburten und bekommt gesunde Babys. Dabei ist sie erfolgreich im Beruf, gut vernetzt und sozial engagiert. Sie bildet sich permanent weiter, genießt Job, Konsum und Kultur, delegiert Haus- und Sorgearbeiten souverän an technische Geräte oder andere Frauen*[96]. Sie lebt natürlich eine erfüllte Sexualität, ist gleichberechtigte starke und auch einfühlsame Partner*in, sie kann gleichermaßen mütterlich, liebevoll und fürsorglich wie auch ehrgeizig, durchsetzungsfähig und cool sein – immer ganz authentisch. Sie ist mit einem ganz eigenen Stil um Schönheit und Ausstrahlung bemüht und fühlt sich leistungsfähig. Sie ist flexibel, selbstsicher, verantwortungsvoll, glücklich, erfolgreich, geradlinig und unabhängig.

An diesem perfekten Kunstprodukt können Menschen nur scheitern. Scheitern oder Zweifeln sind jedoch darin nicht vorgesehen. Und wenn, dann steht „die Tigerfrau", wie die Frau* der Zukunft von einem Trendforschungsinstitut [97] genannt

---

[96] In der Mehrzahl Migrantinnen oder Frauen ohne Papiere. Oft pendeln hochqualifizierte Frauen zwischen ihren Herkunftsregionen (z. B. Polen) und oft ausbeuterischen Care-Arbeitsverhältnissen Deutschland.

[97] https://www.zukunftsinstitut.de/artikel/tiger-women-frauen-auf-der-ueberholspur/

wurde, ganz resilient[98] wieder auf und erkämpft sich ihren Platz selbstverständlich wieder.

Als Therapeut*innen kritisch zu bleiben gegenüber solchen erschöpfenden Ansprüchen an Selbstoptimierung war gar nicht so einfach. Auch und gerade deshalb nicht, weil auch Klient*innen mit dem Wunsch kamen, möglichst schnell „wieder zu funktionieren". Der Druck war groß und resultiert aus ganz verschiedenen Lebensverhältnissen:
Manchmal gab es zu wenig Entlastung bei einer enormen Aufgabenfülle und Verantwortung in Erziehung, Pflege, Familienorganisation und Beruf. Manchmal reichten zwei und mehr Jobs schon kaum zum Leben aus. Manchmal gefährdeten Erkrankungen oder Einschränkungen den Erwerbs- oder Familienarbeitsplatz. Manchmal erschöpften die Strukturen einer Erwerbsarbeit, in der die Ausbeutung unsichtbarer und selbstbestimmter geworden war; einer Erwerbsarbeit, die von Arbeitsverdichtung und Arbeitszeitverlängerung geprägt war und in der Eigenverantwortung und Effizienz von Mitarbeiter*innen oder Teams erwartet wurde, ohne dass sie wirklichen Einfluss auf Rahmenbedingungen ihrer Arbeit hatten.
Der Druck zur Anpassung war also groß. Und das alte feministische Ideal der Selbstbestimmung, der Autonomie und weiblichen Stärke drohte okkupiert zu werden von dem neoliberalen Menschenbild des selbstoptimiert aufgerüsteten und flexibel einsetzbaren Menschen; Wirtschaftswissenschaften sprachen hier von „Humankapital".

Die öffentliche Gesundheitsversorgung kann unter marktorientierten Gesichtspunkten keine menschenrechtsorientierte

---

[98] vergl. https://www.medico.de/resilienz/

und wirksame Medizin für alle Menschen leisten. Ein solcher Markt baut auf die Bereitschaft, Erkrankung als individuelles Scheitern in die persönliche Verantwortung zu legen.

Es scheint so, als gäbe es nur zwei Pole: Auf der einen Seite ein „ALLES-IST-MÖGLICH", soweit es individuelle Flexibilität und Selbstoptimierung, den Zugriff auf Körper, Konsum und individuelle Gesundheitskonzepte betrifft. Auf der anderen Seite ein „ES-GIBT-KEINE-ALTERNATIVE", soweit es gesellschaftspolitische Strukturen oder wirtschaftliche Verantwortlichkeiten betrifft.

Es wird Zeit, die Verhältnisse zu ver-rücken.

Definitionsmacht über Gesundheit und Krankheit

Therapeut*innen sind damit konfrontiert, mit Diagnosen umzugehen oder sie erstellen zu müssen. Diagnostische Kategorien sind Hilfsmittel, die den fachlichen Erfahrungsaustausch erleichtern können und die für Kassenleistungen gefordert sind.

Diagnosen können hilfreich sein, wenn sie reflektiertes Erfahrungswissen zugänglich und handhabbar machen. Sie sind jedoch ein potentielles Herrschaftsinstrument und können dafür benutzt werden, Klient*innen ihrer eigenen Wahrnehmung zu berauben. Das Zählen von Symptomen wird darin oft höher bewertet als das interessierte Zuhören und Ernstnehmen individueller Erfahrungen und Kontexte. Diagnosen sind menschengemachte Instrumente und keine Naturgesetze und in ihrer Handhabung kritisch zu reflektieren. Diagnosen können für Klient*innen eine entlastende Wirkung haben, soweit eine offizielle Diagnose als Anerkennung und Erklärung für das erfahrene Leid erlebt wird.

Dass sich überhaupt Menschen hinsetzen und definieren, ob ein bestimmtes Phänomen Krankheitswert hat, oder nicht, hatte ursprünglich wesentlich damit zu tun, dass im Schadensersatz- und Rentenrecht sowie bei Haftungsfragen bei Unfällen solche Fragen geklärt werden mussten. Die Entwicklung der verschiedenen Diagnosekataloge liest sich wie ein spannender gesellschaftspolitischer Barometer, wo verschiedene Interessengruppen um Macht und Einfluss ringen. [99]

Die zwei wichtigsten Klassifikationssysteme für Diagnosen sind ICD und DSM.

ICD bedeutet „Internationale statistische Klassifikation der Krankheiten und verwandter Gesundheitsprobleme" und ist als verbindliches Regelwerk durch die WHO definiert.

DSM bedeutet „diagnostischer und statistischer Leitfaden psychischer Störungen"[100] und wird als Klassifikationssystem für psychische Erkrankungen benutzt. Beide Fassungen haben schon diverse Änderungen / Anpassungen hinter sich.

Ob etwas als außergewöhnliche Lebensherausforderung oder aber als krankheitswertiges Symptom angesehen wird, verändert sich, so wie sich Menschen und Gesellschaften ändern. Ein Beispiel, welche Wandlung sich in der Diagnostik vollziehen kann, ist die „Trauer": Der US-Diagnosekatalog DSM hatte 1980 für mögliche Trauerreaktionen wie z. B. Niedergeschlagenheit, Appetitverlust, sozialer Rückzug und Schlafstörungen

---

[99] Die folgenden Ausführungen beziehen sich auf ein aufschlussreiches Buch:
„Die Politik des Traumas. Gewalterfahrungen und psychisches Leid in den USA, in Deutschland und im Israel/Palästina-Konflikt." Suhrkamp Verlag, Berlin 2014,
[100] DSM: „Diagnostic and Statistical Manual of Mental Disorders", herausgegeben von der Amerikanischen psychiatrischen Gesellschaft (APA) in den USA.

ein ganzes Jahr zugestanden. Im Jahr 2000 waren es nur noch zwei Monate, und nach dem neuesten Stand sind es lediglich zwei Wochen. Trauer, die länger als zwei Wochen dauert, wird somit als eine zu behandelnde Depression diagnostiziert.

Jede Diagnose, jede Erfahrung mit Krankheiten, Behinderungen, Einschränkungen ist eine komplexe Angelegenheit. Schauen wir uns die verschiedenen Wirkungs-Ebenen, die Kontexte, an:

Die persönliche Ebene:
Hier haben wir es mit subjektiven Reaktionen, Gefühlen und Schmerzempfindungen zu tun. Wahrnehmungsmuster und Selbstheilungskräfte sind abhängig von individuellen Konstitutionen und Biografien und davon, welche Ressourcen vorhanden waren und welche Überlebensstrategien entwickelt wurden.

Die soziale / kulturelle Ebene:
Was als Leid, Schmerz, Unrecht oder Unglück erlebt und gedeutet wird, ist immer auch von sozialen und kulturellen Faktoren abhängig. Welche Verhaltens- und Glaubensmuster und welche Grundannahmen über das Leben vorherrschen, ist kulturell geprägt und von sozialen Ressourcen abhängig.

Die therapeutische Ebene:
Die Inanspruchnahme von krankenkassenfinanzierten Therapien setzt immer eine Krankheitsdiagnose voraus. Da es dabei um Geld geht, spielt neben der Hilfe immer auch der Aspekt

der Macht eine Rolle. Deshalb wurden für die Medizin und Psychotherapie Ethik-Leitlinien entworfen.[101]

Die rechtliche Ebene:
Da mit Krankheitsdiagnosen und längerfristigen Einschränkungen Entscheidungen zur Rente oder auch zum Aufenthaltsstatus verknüpft sind, spielt das Recht eine wesentliche Rolle. Therapeut*innen, die mit Folteropfern arbeiten, haben die Erfahrung gemacht, dass für diese Menschen *„die Bewahrung und Wiederherstellung eines sinnstiftenden, gesellschaftlichen Rechtsraumes"* [102] von elementarer und durchaus heilsamer Bedeutung sein kann.

Die politische Ebene:
Die Konfrontation mit eigener Verletzbarkeit, der Zeug*innenschaft von Gewalt oder Unrechtsverhältnissen und der Notwendigkeit, weitere Verletzungen zu verhindern, ist immer auch eine politische Herausforderung. Politisch in dem Sinne, dass es Heilung oder Hilfe nur geben kann, wenn die Frage des Unrechts oder der Gewalt und die eigene Rolle als Einzelperson, aber auch als Teil einer Mehrheitsgesellschaft oder Teil einer Politik, die Unrecht mit verursacht, mit in den Blick genommen wird. Darüber hinaus müssen medizinische Forschungs- und Entscheidungsstrukturen immer wieder politisch neu

---

[101] https://www.aem-online.de/fileadmin/user_upload/Ethikberatung/Standards_Ethikberatung_2022-12-21_Verlag_final_Pre-Print.pdf
[102] Zeitschrift für Politische Psychologie, Jg. 7, 1999, Nr. 1+2. S. 4

verhandelt werden und unterliegen globaler ungerechter Verteilungsmacht.[103]

Alles wirkt zusammen und macht deutlich, dass zu einer guten Gesundheitsversorgung viele Menschen zusammen an einem Tisch sitzen müssten.

Trauma

Ich möchte exemplarisch Zusammenhänge zur Diagnose „Trauma" näher beleuchten:
Ursprünglich war Trauma ein rein medizinischer Begriff für eine Wunde am Körper gewesen.
Später wurde Trauma oder Traumatisierung in der Psychologie benutzt und wurde Teil der Alltagssprache. In der Psychotherapie gab es verschiedene Sichtweisen.
Manche legten besonderen Wert auf die Stressphysiologie, manche schauten sich das Gehirn an und möchten neurologische Vorgänge dafür verantwortlich machen. Und manche gingen davon aus, dass ein Trauma neben der persönlichen Ebene immer auch soziale und politische Komponenten hat und dass diese Aspekte auch gesehen werden müssten, um ein Trauma zu verstehen.

Die Erzählung der Geschichte des Traumas könnte mit der Eisenbahn beginnen. Die Eisenbahn war so etwas wie ein Sinnbild der industrialisierten westlichen Welt des 19.

---

[103] Sehr empfehlenswert: Hans Baumann, Iris Bischel, Michael Gemperle, Ulrike Knobloch, Beat Ringger, Holger Schatz (Hrsg.): Care statt Crash. Sorgeökonomie und die Überwindung des Kapitalismus. Denknetz Jahrbuch, 2013

Jahrhunderts. „*Fast das ganze Schadensersatzrecht und die Haftung bei Unfällen wurden im Zusammenhang mit der Eisenbahn entwickelt.*"[104] Im Zuge der Industrialisierung erreichte auch die Zahl der Arbeitsunfälle durch schlechte, ungesicherte Arbeitsbedingungen schwindelerregende Höhen und erforderte politische Lösungen. In der zweiten Hälfte des 19. Jahrhunderts entstand die Betriebsunfallgesetzgebung und mit ihr eine neue Diagnose: „traumatische Neurose". Die Liste, welche psychischen Erscheinungen darunter gefasst werden konnten, war sehr lang und reichte von chronischer Erschöpfung über Hörprobleme hin zu Magenschmerzen und Schwindel.

Ähnlich wie zuvor die Hysterie unterlag auch sie schnell dem Verdacht der Simulation. Betroffene hatten mit einem Generalverdacht zu kämpfen, sich Rentenleistungen erschleichen zu wollen. Das Neue an dieser Diagnose war, dass „Neurose" als eine rein seelische „nervliche" Dysfunktion damit erweitert wurde um den Gedanken der Wunde, die sich auch in der Psyche zeigt. Damit wurde erstmalig auch von *außen* zugefügtes Leid wie Unfälle oder Gewalt als Ursache seelischen Leidens anerkannt.

Zwei Psychiater (Janet, Freud) erkannten, dass nicht nur selbst erlittener Schrecken oder Gewalt, sondern auch beobachtete Gewalt Menschen extrem belasten können.

Der Erste Weltkrieg mit seiner Kriegsmaschinerie war die nächste Szenerie, die als Ursache von Symptomen ausgemacht wurde. Den versehrten Soldaten („Kriegszitterer") wurden Rentenzahlungen zugestanden, die zeitlich begrenzt waren und unter dem Nationalsozialismus stark eingeschränkt

---

[104] Ian Hacking: Multiple Persönlichkeit. Zur Geschichte der Seele in der Moderne, 1996 S. 238

wurden. Die NS-Ideologie unterstellte selbstverschuldeten fehlenden Willen der Versehrten, wenn sich keine Besserung einstellte.

Zögernd begann ein Umdenken Mitte der 1950er Jahre. Der Holocaust hatte deutlich gemacht, dass nicht nur einzelne schreckliche Ereignisse unter den Traumabegriff und das Recht auf Entschädigung gefasst werden mussten, sondern auch eine über lange Zeit hinweg erlittene Verfolgung. Es wurden erstmalig auch langfristige psychische Auswirkungen anerkannt und damit akzeptiert, dass es Erfahrungen gibt, die so existentiell in das eigene Leben eingreifen, dass wir nicht mehr von Verarbeitung oder Heilung zu sprechen wagen, sondern dass schon das Überleben ein unermessliches Gut darstellt.

Hans Keilson [105], ein deutsch-niederländischer Psychiater schloss aus seiner Forschungs- und therapeutischen Arbeit, dass Trauma nicht in einem einzelnen Ereignis erfasst werden könne, sondern dass es als Prozess zu begreifen sei. Er emigrierte 1936 mit seiner Frau Gertrud in die Niederlande und war ab 1940 im Untergrund für den holländischen Widerstand als Kurier, Arzt und Therapeut tätig.

In seiner jahrzehntelangen Forschung über jüdische Kinder, deren Eltern in der Shoah ermordet wurden, teilte er das Traumageschehen in mehrere Sequenzen auf.

Sequenz 1 war die feindliche Besetzung der Niederlande und der Beginn des Terrors: Sequenz 2 war die Phase der direkten Verfolgung (Deportation, Trennung von Eltern und Kindern, Verstecke und Konzentrations- und Vernichtungslager) und Sequenz 3 war die Phase nach dem Krieg, die von der

---

[105] H. Keilson: „Sequentielle Traumatisierung bei Kindern." Stuttgart 1979

143

kontroversen Entscheidung geprägt war, ob die Kinder in den holländischen Familien bleiben oder in eine jüdische Umgebung kommen sollten. Er fand heraus, dass die Art und Weise, wie mit den Kindern in den Jahren *nach* den überwältigenden Ereignissen umgegangen wurde, einen größeren Einfluss auf die Entstehung von Traumasymptomen hatte als die Schwere der Ereignisse vorher.

Für die individuellen Folgen ist es also weniger entscheidend, was initial erlebt wird, sondern was auf das traumatische Ereignis folgt. Ein Trauma wird so zu einem über Jahre hinweg andauernden politischen, sozialen und individuellen Prozess, in dem alle gesellschaftlichen und privaten Akteure jederzeit eine bedeutsame Wirkung haben. So sind Traumareaktionen z. B. von Kriegsveteranen oder Vergewaltigungsopfern davon abhängig, wie mit ihren Erfahrungen nach dem Krieg oder nach der Gewalttat umgegangen wird, ob sie sozial und politisch anerkannt oder aber mit Misstrauen und Abwertung konfrontiert sind.
Die Reaktion der Gesellschaft, die Anerkennung des Leidens, das Wiedereinsetzen von Gerechtigkeit, die Vermittlung von Sinn, Sicherheit und Selbstbestimmung sind entscheidende Faktoren dafür, wie überwältigende Erfahrungen überstanden werden können.

Posttraumatische Belastungs-Störung (PTBS) – eine Überwältigung?

Die häufigste Art, Trauma weltweit zu definieren wurde die „Posttraumatische Belastungstörung" (PTBS). Die Geschichte der PTBS begann in den 70er Jahren in den USA.

Zwei neue Trauma-Syndrome wurden dort benannt: Einmal das „Vergewaltigungstrauma-Syndrom", zum anderen die „Posttraumatische Belastungsstörung".

Ersteres entwickelte sich aus der Forschung und Auseinandersetzung im Zusammenhang mit der feministischen- und der Antipsychiatrie-bewegung. Es entstanden 400 Krisencenter zum Thema Vergewaltigung. Zwei feministische Akademiker*innen (Lynda Holmstrom und Ann Burgess) forschten zu dem Thema und das daraus definierte „Rape Trauma Syndrom" fand sowohl im juristischen Rahmen, wie auch in der psychotherapeutischen Anwendung Verbreitung. Die Forscher*innen prägten einen Traumabegriff, der sexuelle Gewalt in seinen Auswirkungen benannte. Sie beschrieben, dass es keine spezifischen, und erst recht keine pathologischen Verhaltensweisen gab, die nach sexualisierter Gewalt auf eine Traumatisierung verweisen. Es gäbe keine einfachen Kausalitäten, welches Symptom eine Vergewaltigung anzeigt, sondern vielfältige individuelle Reaktionen. Auch hinter der Kulisse einer äußerlichen Normalität könnte sich eine innere Auseinandersetzung mit einem schweren Trauma abspielen. Professorin Burgess wurde eine erfahrene und anerkannte Gerichtsgutachterin und veröffentlichte Bücher und Artikel zum Thema sexueller Gewalt und bekam Auszeichnungen für ihre Forschung. Das „Vergewaltigungstrauma-Syndrom" wurde jedoch nicht in den Diagnose-Katalog der USA aufgenommen, weil es komplex und offen war und weil es Frauen* nicht pathologisierte, sondern neben individueller Unterstützung immer auch das gesellschaftlich tolerierte Unrecht benannte. PTBS setzte sich durch und wurde in den DSM-Katalog aufgenommen - auch als Folge der Auseinandersetzungen mit bzw. gegen den Vietnamkrieg.

1993 enthielt die 10. Auflage der internationalen ICD Klassifikation erstmalig die Kategorie PTBS. Sie ist dort definiert

> *„als eine verzögerte oder verlängerte Reaktion auf ein belastendes Ereignis oder eine Situation kürzerer oder längerer Dauer, mit außergewöhnlicher Bedrohung oder katastrophenartigem Ausmaß, die bei fast jedem eine tiefe Verzweiflung hervorrufen würde."* [106]

Der Diplompsychologe und Psychoanalytiker David Becker, der in Kriegs- und Krisengebieten arbeitete, sah diese Diagnose (in der englischen Bezeichnung „post-traumatic stress disorder" PTSD) kritisch:

> *„Die wichtigste Begrenzung der PTSD-Diagnose ist, dass sie die Situation, die ein Trauma hervorgerufen hat, als Stressor klassifiziert. Dabei ist es nicht von Bedeutung, ob wir in Belfast, Santiago de Chile oder in Ausschwitz sind, ob das Trauma Folge von Folter, eines Autounfalls oder eines Herzinfarktes ist. Der PTSD ignoriert nicht einfach nur die Hauptaspekte sozialpolitischer Traumatisierungen, sondern hilft dabei, ein soziales und politisches Problem in ein psychopathologisches umzuwandeln. ... Er erkennt ihr Leiden an, aber nur als psychisches, nicht als soziales Leid."* [107]

Diese PTBS Diagnose ist also ein zweischneidiges Schwert. Einerseits erklärt sie Traumasymptome als normale Reaktionen auf ungewöhnliche Ereignisse und erlaubt den Menschen, von der Krankenkasse finanzierte Unterstützung zu bekommen. Das ist ein Gewinn. Andererseits ist sie aber eine

---

[106] https://www.icd-code.de/icd/code/F43.1.html
[107] David Becker: Die Erfindung des Traumas – verflochtene Geschichten, 2006, S 185

146

psychiatrische Krankheitsdiagnose, die eine „Störung" diagnostiziert. Das heißt, Menschen, die Gewalt von anderen Menschen erleben, denen also Unrecht angetan wird, bekommen nur dann therapeutische Hilfe bezahlt, wenn sie als krank oder gestört klassifiziert werden. Obwohl in der Diagnose angelegt ist, dass Gewalterfahrung schädigende Folgen hat, werden die gesellschaftlichen oder politischen Bedingungen, die zu der Gewalt führen, damit gleichzeitig entnannt.[108]

In der therapeutischen Praxis wird unterschiedlich mit der Diagnose umgegangen. Neben dem Schock-Trauma, das zur klassischen PTBS-Diagnose gehört, können mit entsprechender Fortbildung und Erfahrung auch Bindungs- und Entwicklungstraumata berücksichtigt werden. Und manche Therapeut*innen arbeiten auch mit Menschen, die sich in sozialen traumatischen Prozessen befinden, oder die menschenverursachte Gewalt erlebt haben oder erleben und berücksichtigen in ihrer therapeutischen Arbeit diesen Kontext.

Ich erinnere mich an einen Text von einer Therapeutin, die beschrieb, dass es Orte und Lebensverhältnisse gibt, wo es Sicherheit, also ein Leben ohne anhaltende Bedrohung von Gewalt, die wir in westlichen Konzepten als Voraussetzung für traumatherapeutische Verarbeitung ansehen, nicht gibt. Und dass es auch unter diesen Bedingungen nötig und möglich sei, Menschen therapeutisch zu begleiten, zu stabilisieren und zu unterstützen.

Auch ein Verlust, beispielsweise von Autonomie, kann eine existentielle Bedrohung sein. Das ist bei Folter und systematischer Gewalt der Fall, wenn die Möglichkeit, sich als

---

[108] Vergl. Ariane Brenssell: Trauma als Prozess: https://www.medico.de/fileadmin/_migrated_/document_media/1/trauma-als-prozess.pdf

147

selbstbestimmt handelnder und denkender Mensch zu erleben, beschnitten wird. Für Therapeut*innen ist die Auseinandersetzung mit Sexismus, Rassismus und anderen systemischen Diskriminierungsstrukturen in diesem Zusammenhang hilfreich und notwendig.

Über die komplexen Zusammenhänge zwischen Psyche und Gesellschaft denkt „medico international" mit vielen engagierten Menschen seit 1968 nach und arbeitet dazu.
Es lohnt sich sehr, da mal reinzuschauen:

> *„Das Leid Einzelner ist ... immer auch Ausdruck gesellschaftlicher Verhältnisse. Wir unterstützen daher psychosoziale Ansätze, in denen individuelles Leid als geteilte kollektive Erfahrung wahrnehmbar wird. Gegen die Privatisierung von psychischem Leiden setzt medico auf emanzipatorische Sorgebeziehungen, die Menschen über Grenzen hinweg in Empathie und Solidarität verbinden; als soziale Räume, in denen Verletzungen und Trauer geteilt, aber auch Wut und Sehnsüchte kollektiv artikuliert werden können; als Ermutigung, sich weiterhin für würdige Lebensbedingungen einzusetzen.*
> *In Jahrzehnten psychosozialer Arbeit im globalen Handgemenge ist es immer wieder gelungen, inmitten gesellschaftlicher Erschütterungen solidarische Beziehungen zu knüpfen. Im Engagement für eine gerechte Welt geht es weiterhin darum, Beistand für jene zu leisten, die an den Verhältnissen krank geworden sind, und Verhältnisse zu schaffen, die neben Würde und Recht auch die bestmögliche Gesundheit fördern: physisch wie psychisch."*[109]

---

109 https://www.medico.de/nicht-auszuhalten

Wenn der Kontext der Gewalt übergegangen wird, können wir Menschen, die ihr ausgesetzt waren oder sind, nicht verstehen.

Jean Améry, ein österreichischer Schriftsteller, NS-Widerstandskämpfer und Überlebender der Shoa, beschrieb in seinem Buch „Jenseits von Schuld und Sühne" seine „Bewältigungsversuche eines Überwältigten". Es wird darin deutlich, dass seine Erfahrungen in weiten Teilen als innerseelisches Leid, als PTBS, gelesen werden können – und dass diese Lesart sich aber wie die Verübung eines weiteren Verbrechens anfühlt.

In seinem Bericht wird sinnlich verstehbar, dass sein existentiell Erlittenes, sein Verlust von Weltvertrauen daher rührt, dass Menschen ihm das angetan haben. Und nicht nur einzelne Menschen, sondern ein ganzes systemisches Zusammenspiel von Menschenmacht und Gewalt, dem er als einzelner Mensch und als Angehöriger einer Menschengruppe ausgeliefert war. Sein Gefühl davon, *„wer der Folter erlag, kann nicht mehr heimisch werden in der Welt"*[110] reichte weit über die Zeit in Auschwitz hinaus. Der bundesdeutsche Umgang mit Nazitäter*innen, die nach 1945 in den wesentlichen gesellschaftlichen Funktionen weiter tätig sein konnten, der unsichtbare und dann wieder offene Antisemitismus, der auch in Teilen der Linken spürbar wurde, war für ihn nicht auszuhalten. Im Oktober 1978 beendete er durch eigene Hand sein Leben.

Er stellt sein Buch in seinem Vorwort vor mit: *„Es wurde beschrieben, wie es bestellt ist um einen Überwältigten, das ist alles."*

---

[110] Jean Amery: Jenseits von Schuld und Sühne. Bewältigungsversuche eines Überwältigten, 1977, S. 81

Und das sollte reichen – um zu verstehen.

Psychische Gesundheit in der Verwertungslogik

Als in den 1990er Jahren das „Qualitätsmanagement" auch in den sozialen und medizinischen Diensten Einzug hielt, gab es neben kritisch-warnenden Stimmen eine große Akzeptanz der Idee, soziale und körpernahe Dienste auf diese Weise zu verbessern und ihnen Anerkennung zu verschaffen. Es war zu Beginn verführerisch, die Umstrukturierungen mit ihren modernen Begrifflichkeiten als positive Entwicklung und Aufwertung pflegerischer, medizinischer und sozialer Arbeit zu begrüßen: Als gäbe es keine Menschen mehr, die andere Menschen brauchen, keine Abhängigkeiten, keine Patient*innen und Klient*innen mehr, sondern nur noch informierte, souveräne Käufer*innen von zeitlich begrenzten Dienstleistungen. Das klang cool und versprach ganz emanzipativ statt Bevormundung und Willkür nun messbare Standards für gute Behandlungen. Darüber hinaus verband sich damit die Hoffnung, traditionell weibliche Tätigkeiten ohne hohen Rang könnten sich mittels „Qualitätsmanagements" und seinem volkswirtschaftlichen Vokabular vielleicht in die Sphären des Managements aufschwingen und so endlich die notwendige gesellschaftliche Anerkennung erreichen ... Das war eher romantisch als realistisch. Aber wie kam es dazu?

In den 1980er Jahren öffnete der EU-Binnenmarkt seine Grenzen, nicht nur wie bisher für Güter (und längst nicht für alle Menschen) sondern nun auch für öffentliche Dienstleistungen. Dass damit auch personennahe Dienstleistungen auf dem Weltmarkt in Wettbewerb treten sollten, veränderte alles. Es veränderte das Denken und es veränderte die Arbeit.
Wettbewerbsfähig zu sein bedeutete, auf dem Markt besser zu sein als andere. Doch woran sollte sich dieses „besser"

messen? Dazu brauchte es Messinstrumente. So wie die Qualität eines Produktes, einer Schraube beispielsweise, genormt ist, damit sie überall einsetzbar ist, so sollte nun auch eine Dienstleistung mit der anderen vergleichbar gemacht werden können, damit auch sie billig einkaufbar und überall einsetzbar ist. Also brauchte es für soziale Dienstleistungen auch Normen, um sie messbar zu machen.

Doch DIN-Werte für soziale Dienstleistungen zu erfinden, als sei eine zwischenmenschliche Beziehung zu normieren wie die Größe eines Blatt Papiers in DIN A 4, war absurd. Aber unter dem Argument leerer öffentlicher Kassen, geleert durch Privatisierungen und Steuerentlastung für Großunternehmen, passten sich soziale Verbände sehr schnell diesen Vorgaben an. Es entstanden diverse Qualitätsmanagements-Systeme, die den Wettbewerbsgedanken in die sozialen Einrichtungen hineintrugen.

Manche hielten das für fortschrittlich, und das war es auch in dem Sinne, dass Fortschritt bedeutete, permanent wirtschaftliches Wachstum hervorbringen zu müssen. Doch wie sollte das gehen in den Bereichen, in denen es um menschlichen Kontakt, um Erziehung, Bildung, Pflege und Beratung ging? Es war in der industriellen Produktion vielleicht noch eine Weile möglich, durch Rationalisierungen und ähnliche Maßnahmen Produkte schneller, billiger, in größerer Zahl herzustellen. Doch in den personennahen Dienstleistungsbereichen waren und sind der In-Wert-Setzung menschliche Grenzen gesetzt. Man kann nicht immer schneller beraten, erziehen, pflegen, lehren, fürsorglich sein.[111] . Beziehungsarbeit kann nicht beliebig verkürzt

111 https://www.arbeitskreis-frauengesundheit.de/wp-content/uploads/2015/06/2013_mascha_madoerin.pdf

oder beschleunigt werden und sie ist nicht vollständig planbar und manchmal unvorhersehbar. Es braucht Zeit, um sichere emotionale und soziale Kontakte tragfähig und grenzen-achtend zu entwickeln, um Vertrauen zu erarbeiten, um zu verstehen, um gut zu beraten. Es braucht Raum und finanzielle Ressourcen, um über den eigenen Tellerrand zu schauen, die eigene Arbeit zu reflektieren und weiterzuentwickeln.

Wenn dieser zwischenmenschliche Bereich der Marktlogik untergeordnet wird, leidet die fachliche und menschliche Qualität. Wachstum - und Ausschüttung an Aktionär*innen - ist hier nur möglich, wenn immer mehr Arbeitende für einen immer geringeren Lohn immer mehr arbeiten und wenn der Dokumentation – die den Wettbewerbsvorteil messbar machen soll – mehr Wert beigemessen werden muss als einem lebendigen Kontakt in zwischenmenschlicher Verantwortung.

Die Orientierung an Marktgesetzen mit ihren Messinstrumenten und ihrem Effizienzdenken ist eine Verschwendung. Eine enorme Verschwendung von Kreativität, Lebensfreude - und Professionalität. Und darüber hinaus eine „schwer zu durchschauende Herrschaftsförmigkeit" meint Tove Soiland, Philosophin, feministische Theoretikerin und Dozentin. Sie sagt:

> *„Diese Akademisierung (Zerlegung der individuellen Arbeitsschritte und Neuzusammensetzung in ein kollektives mittelorientiertes Standardprogramm) bedeutet, dass die Arbeitenden vergleichbar machende Tools benutzen müssen. Erfahrungswissen und kontextorientiertes Arbeiten werden entwertet und unterliegen seitdem einem permanenten Verdacht der Willkür oder Unprofessionalität. Jedes ‚Ausreißen' aus der Statistik soll nunmehr vermeiden werden.*

*Es ist eine Herrschaft ohne Verantwortung, weil zuneh-
mend ausschließlich das System, der Computer, die
Norm, die Statistikvorgabe, die Evidenzbasierung, Zahlen und Vergleiche zu Entscheidungsgrundlagen werden.*"[112]

Im internationalen Markt für Mess- und Vergleichsinstrumente
ist DALY (disability-adjusted life years) die Maßeinheit für
Krankheit. Dieser Wert berechnet z. B. Behinderung als verlo-
rene Lebensjahre, multipliziert mit einem bestimmten Pro-
zentwert je nach Höhe der Behinderung. Um so eine Maßeinheit für „Lebensqualität" zu konstruieren wird ein negativer
Behinderungsindex angesetzt, der bei hohen Werten eine
niedrige Lebensqualität beschreibt: das behinderungsberei-
nigte Lebensjahr: Disability-Adjusted Life Year, DALY.
Dieses Konzept geht darüber hinaus davon aus, dass die Belas-
tung durch eine bestimmte Krankheit oder einen bestimmten
Unfall überall auf der Welt dieselbe ist und ignoriert komplett
länder- und kulturspezifische Unterschiede.[113] Solche irrsinni-
gen Messinstrumente werden entwickelt, wenn auch Gesund-
heitsdienstleistungen zum global berechenbaren Geschäft
werden.

---

112 https://www.mixcloud.com/radiolora/pandoras-box-lesbenma-
gazin-care-manifest/
113 Wie dieses Konzept der WHO entstanden ist, beschreibt Char-
lotte Jurk eindrücklich im lesenswerten Text: „Der niedergeschla-
gene Mensch. Depression. Eine sozialwissenschaftliche Studie zu
Geschichte und gesellschaftlicher Bedeutung einer Diagnose." 2005.
Seite 114 ff

Seit Jahren gibt es Widerstand gegen die Durchdringung aller Lebensverhältnisse mit Marktgesetzen wie Nützlichkeit, Verwertbarkeit, Vergleichbarkeit und Leistungsfähigkeit.[114] Verhältnisse ver-rücken und sich dem Leben auch in seinen unverfügbaren Aspekten öffnen zu können, wäre eine gute Option, oder?

Gesellschaftliche Heilungsfaktoren

Je kontextbewusster unsere psychologischen Theorien und pädagogischen und politischen Reflexionen sind, desto mehr können wir erkennen, welche Faktoren für (zwischen-) menschliches Wachsen und Reifen wichtig sein können. Um nur einige Beispiele zu nennen:

- So können etwa unerwünschte oder ersehnte Schwangerschaften früh mitbestimmen, wie willkommen Menschen sich in der Welt fühlen. Dazu gehört die Möglichkeit der Selbstbestimmung über die Entscheidung einer Schwangerschaft und Elternschaft. Der Paragraph 218 muss endlich abgeschafft werden.[115]
- Geburten mit oder ohne Komplikationen können das emotionale, körperliche und nervale System mal mehr oder weniger gut auf die nächsten Entwicklungsschritte vorbereiten. Die Geburtshilfe braucht mehr Aufmerksamkeit und die Hebammen mehr Rechte.[116]
- Ein menschliches Umfeld, das in der Lage und willens ist, sich auf die Bedürfnisse eines Babys einzustimmen und

---

114 z. B.: https://www.medico.de/gesundheit
[115] Siehe z. B.: https://antjeschrupp.com/2024/04/14/was-ist-mit-dem-ungeborenen/
[116] Siehe: https://www.gerechte-geburt.de

angemessene Antworten darauf zu geben, ist ein menschlicher Schatz an Kraft und Vertrauen, aus dem sich noch im Erwachsenenleben schöpfen lässt. Fehlt all das, kann es eine Kinderseele an den Rand der Vernichtung treiben – und erwachsenes Leben enorm belasten. Dazu braucht es jedoch mehr als ein oder zwei Elternpersonen.[117]

- Wo Erwachsene über genug eigene menschliche und materielle Ressourcen und Sicherheiten verfügen, können sie Kindern ein Gegenüber sein, das handelnd vorangeht, das geben und bieten kann, was je nach Bedarf und Entwicklungsstufe angemessen ist: Bindung, Grenzen, Individualität, Gemeinschaft, Sinn, Perspektive.[118]
- Würde und Respekt für alle Menschen.
- Erfahrung von Handlungsmacht, Sinnhaftigkeit, Verstehbarkeit (Salutogenese).
- Eine ausreichende Grundversorgung auf allen Ebenen. Für Alle.
- Das Recht zu bleiben und das Recht zu gehen. Überall.

Leben und Aufwachsen bedeuten immer auch Brüche und Schmerz und erfordern verschiedene Anpassungs- oder Überlebensmuster. Jeder Mensch kann als Erwachsener eine Haltung zu diesen Erfahrungen finden. Aber auch dafür ist es nötig, dass Raum und Ressourcen vorhanden sind für Entfaltung und Lernen, soziale (Ver-) Bindungen, sinnvolle und erfüllende Arbeitsmöglichkeiten, politische Freiheiten und Möglichkeiten zu solidarischer Verantwortung.

---

[117] „um ein Kind zu erziehen, braucht es ein ganzes Dorf" (wahrscheinlich afrikanisches Sprichwort)
[118] Siehe: https://www.verlag-modernes-lernen.de/shop/pdf/8209/leseprobe1/8209.pdf

Es gibt Ideen, Demonstrationen, alternative Projekt- und Arbeitsstrukturen. Es gibt die kleinen Brüche und Verweigerungen, das Nicht-Funktionieren und die Widerständigkeiten, mit denen wir den Zwängen und Freiwilligkeiten eines durchökonomisierten Lebens nicht in allen Punkten nachkommen. Menschen und Verhältnisse sind komplex, vielfältig und widersprüchlich. Ob in Beratungsstellen, Psychotherapiepraxen oder als Verantwortliche in Institutionen wie Krankenhäusern oder Pflegeeinrichtungen: Die große menschliche und politische Herausforderung bleibt das Spannungsfeld, innerhalb und mit Systemen zu arbeiten, die wir gleichzeitig kritisieren, verteidigen und gut darin arbeiten wollen.

Die Hoffnung liegt in der Erschöpfung

Ich habe das Kapitel angefangen mit einem Zitat von Eva von Redecker aus ihrem Aufsatz „Die Hoffnung liegt in der Erschöpfung".

Zum Ende möchte ich von einer Rede erzählen, die Alice Hasters[119] 2022 auf der re:publica Berlin, einem Festival für die digitale Gesellschaft, gehalten hat. Der Titel ihres Vortrages war „Die Revolution der Erschöpfung".

Sie bezog sich in ihrer Rede auf die Corona-Erfahrungen, in denen für viele Menschen unterschiedlichste Formen der Erschöpfung sichtbar und z. T. extrem spürbar wurden. Während einige in eine Krise stürzten, weil sie von ihren Tätigkeiten und Ressourcen abgeschnitten waren, wurde auch deutlich, dass die Tätigkeiten, die als „systemrelevant" galten, am wenigsten

---

[119] Alice Hasters hat 2019 das Buch geschrieben „Was weiße Menschen nicht über Rassismus hören wollen, aber wissen sollten" und 2023 das Buch „Identitätskrise"

geachtet wurden. Die Grenz- und Belastungserfahrungen der Menschen, die im Versorgungs- und Care-Bereich Verantwortung trugen, waren außergewöhnlich – und sind es noch immer. Das christliche Paradigma, sich die Erde untertan zu machen, hat die Menschheit nicht nur in eine Klimakrise gebracht, sondern auch die Beziehungen zwischen Menschen einer Leistungs- und Ausbeutungsnormalität unterworfen. Alice Hasters geht es darum, nicht gegen die Erschöpfung anzukämpfen, nicht „was aus ihr zu machen", nicht mit ihr zu kokettieren, sondern sie zu interpretieren – als eine Revolution der Psyche, die sagt: So geht es nicht weiter.

In therapeutischen Prozessen ist die Anerkennung eines „so geht es nicht weiter (in meinem Leben)" oft ein Wendepunkt, der aktivierende Kräfte freisetzen kann. Nicht aushalten, nicht durchhalten, nicht den Schein wahren – alles unendlich erschöpfende Angelegenheiten – sondern die Richtung ändern. Und sich in kleinen Schritten – step by step – ins Unbekannte wagen.
Alice Hasters sieht die Notwendigkeit, auf der gesellschaftlichen Ebene anzuerkennen, dass es so nicht weitergehen kann, dass sich angesichts unmenschlicher Verhältnisse etwas ändern muss. Also noch mehr erschöpfende Aufgaben? Sie sagte: „Etwas an diesen Dingen zu ändern, muss also nicht unbedingt bedeuten, Kräfte aus der letzten Ecke des Geistes zu mobilisieren, sondern kann auch bedeuten, der Erschöpfung konsequent stattzugeben." - ein Schritt ins Ungewisse - „Das, was es braucht ist Mut. Mut, sich verletzlich zu zeigen und anderen zuzutrauen, sich genauso unwohl zu fühlen, wie man selber."[120]

---

[120]https://www.youtube.com/watch?v=Kyu-4suY9ps

Miteinander – der Wahrhaftigkeit, der Verzweiflung, der Verletzbarkeit Raum geben.
Eine Chance!

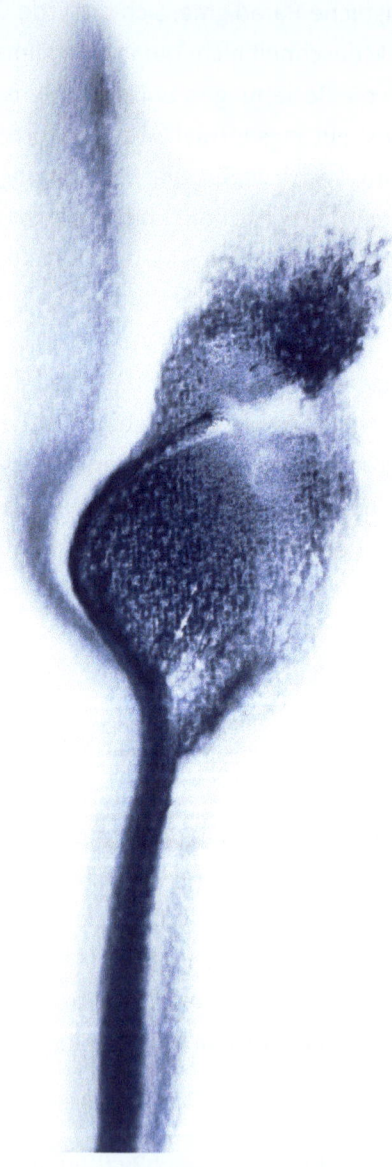

NACHWORT

Warum dieses Buch?

Es möchte eine Würdigung sein
- einer kostbaren Zusammenarbeit.
- eines (meines) langen Lebensabschnittes.
- einer tiefen, als sinnvoll erlebten fachlichen Arbeit.

Es ist ein Schöpfen aus der Fülle: Das was da ist an Texten und was an Gedanken entwickelt wurde, auch noch auf den Tisch zu bringen.

Es ist auch ein Akt der Verzweiflung: Das Bedürfnis, irgendetwas – und sei es auch nur ein Fitzelchen – dazu beizutragen, dass es besser wird auf dieser Welt.

Dann ist da doch die Verzagtheit, dass schon so vieles Kluges, Erhellendes, Aufklärendes, Wissen auf den Tischen liegt – und die Mühlen der Gewalt, der Kriege, der Vernichtung, mahlen unaufhörlich weiter. Und ich bin ein Teil davon.

Eines der kleinen Schrauben an seinem Platz, die das Mühlrad zusammenhält.
Ein Schräubchen, das sich aus der Fassung kämpft - und seine Fassung verliert.
Eine derjenigen, die Günter Eich folgen und „Sand statt Öl im Getriebe der Welt" sein wollen, so dass es zuweilen leise knirscht im Gebälk. Reicht mir das aus?

Keine Antwort.
Und trotzdem.
Schreibe ich
das Buch.

Weil es Blumen gibt.
Weil es Tränen gibt.
Weil es Farben gibt.

Weil es das Leben ist.
Mein Schreiben.
Dieses Buch.

Ich sitze im Café nahe meinem alten Arbeitsplatz und denke über mein Buch nach.
Angenehme Musik im Hintergrund. Tee. Die letzten rosa Blüten der Zierkirschen tanzen in der Luft. Freue mich über die freundliche Aufmerksamkeit des Kellners.
Verfüge über den Luxus von Zeit und Geld, hier zu sitzen – und nachzudenken.
Ich genieße es.

Ich genieße es, während anderswo Menschen um ihr Leben oder ihre Existenz kämpfen.
Und nicht nur das. Über das Privileg, hier zu sitzen, verfüge ich nicht aus meiner Hände Arbeit, sondern weil ich zufällig in einem reichen westlichen Land geboren bin. Ein Land, das seine Ressourcen kolonialer Gewalt verdankt. Ein Land, das seine Ressourcen weiterhin an den EU-Außengrenzen und darüber hinaus mit Macht und Menschenverachtung schützt.

Ressourcen, denen ich es verdanke, hier in Frieden zu sitzen – zumindest in diesem Moment.

Wie ist das auszuhalten?

Der Bogen ist gespannt.

Die Bewegungen der 1970/80er Jahre haben viele neue Zyklen, Anpassungen, Institutionalisierungen und Professionalisierungen hinter sich.

„Mein" „Frauenprojekt", das Jahrzehnte echt tolle Arbeit geleistet hat, war letztlich (nur?) eine Nische. Kostbar und wertvoll. Wirksam in dem Sinne, auf das Leben von Klient*innen Einfluss gehabt zu haben, ihre Handlungs- und Eigenmacht, Lebensfreude und psychische Stabilität gefördert zu haben.

Gesellschaftlich gesehen: Eine Nische.

Sagen wir mal: Nischen sind auch Teil der Realität. Ob sie auch Teil einer Bewegung sind oder werden können?

Die Kolleg*innen, die die TuBF jetzt weiterführen, haben es in ihrer Hand.

Das Experiment geht weiter!

DANK!

Danke an alle Kolleg*innen der TuBF. Insbesondere an Anita, Margret und Uschi, die das Buchprojekt mit ihren wachen, klugen, liebevollen und kritischen Sichtweisen begleitet haben.

Dank an Freund*innen, die mich ermutigt haben, vor allem Rainer, Uli, Ruza und Ello.

Von Herzen Dank.

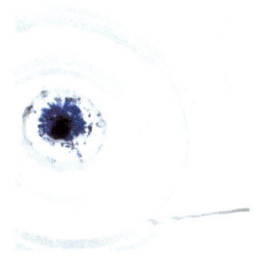